ENSEIGNEMENT-FORMATION-RESTAURATION-HÔTELLERIE

collection dirigée par Dominique BRUNET - LOISEAU

NOUVELLE ÉDITION

L'ANGLAIS EN 10 LEÇONS

CUISINE

Par

Elisabeth Brikké

Photos : Sylvie Vernichon et Philippe Lauth
Dessins : Paul Beaupère

Dessin d'origine de couverture : Jean-Hugues Allard
adapté par Tony Kowalczyk

ÉDITIONS BPI

Editions BPI - Espace Clichy - 38 rue Mozart - 92587 Clichy Cedex - Tél. : 01 41 40 81 40

Collection ENSEIGNEMENT - FORMATION RESTAURATION - HÔTELLERIE

- **LE VIN ET LES VINS AU RESTAURANT** *(édition mise à jour 99)*
  Elaboration - Origines - Dégustation - Conservation - Service - *par Paul Brunet*
- **LE VIN ET LES VINS ÉTRANGERS**
  Origines - Productions - Cépages - Caractères - Accords vins et mets *par Paul Brunet*
- **PRATIQUE DU BAR ET DES COCKTAILS**
  Etudes sur les boissons - Cocktails - Technologie du bar - Gestion
  par Michel Cailhol et Bernard Grosselin
- **TRAVAUX PRATIQUES DE CUISINE**
  Fiches techniques de fabrication - *par Michel Maincent*
  Edition en langue anglaise :
- **PRACTICAL KITCHEN WORK**
  The basic arts of cooking - *par Michel Maincent, traduction Michael Anker*
- **TECHNOLOGIE CULINAIRE** *(nouvelle édition 99)*
  Personnel, équipements, matériel, produits, hygiène et sécurité
  par Michel Maincent
- **CUISINE DE RÉFÉRENCE**
  Préparations et techniques de base - Fiches techniques de fabrication
  par Michel Maincent
- **SAVOIRS ET TECHNIQUES DE RESTAURANT** - en 2 ouvrages - **Tome 1** : un savoir professionnel pour un service de qualité - **Tome 2 :** organisation et technologies professionnelles - *par Christian Ferret*
- **CONNAISSANCE DES PRODUITS EN RESTAURATION**
  par Christian Ferret et Jean-Michel Framery
- **TRAVAUX PRATIQUES DE RESTAURANT - Tome 1**
  Préparations - Découpages - Flambages - *par T. Boulicot et D. Jeuffrault*
- **TRAVAUX PRATIQUES DE RESTAURANT - Tome 2**
  Mise en place - Décoration - Service - *par Thierry Boulicot*
- **Technologie culinaire : FICHES D'ÉVALUATION -** en 2 ouvrages : livre du professeur, livre de l'élève - *par M. Faraguna et M. Muschert*
- **MODULES DE TECHNOLOGIE CULINAIRE - Tome 1 :** Les produits
  en 3 ouvrages : livre du professeur, livre de l'élève. Matrices pour transparents
  par M. Faraguna et M. Muschert
- **MODULES DE TECHNOLOGIE CULINAIRE - Tome 2 :** Vocabulaire culinaire - Matériel - Personnel - Préparations - Cuissons - Culture technologique - en 3 ouvrages : livre du professeur, livre de l'élève. Matrices pour transparents, *par M. Faraguna et M. Muschert*
- **PLAN COMPTABLE PROFESSIONNEL DE L'INDUSTRIE HÔTELIÈRE**
- **GESTION DE L'ENTREPRISE en 2 tomes** (Bac. Pro. Restauration 1ère et 2ème années) *(édition 99) par Nicole Bach et Jean-Claude Oulé.* **CORRIGÉS** disponibles
- **GESTION HÔTELIÈRE** (Bac. Techno. Hôtellerie - Première)
  par M.N. Bontoux et F. Pierson
- **GESTION HÔTELIÈRE** (Bac. Techno. Hôtellerie - Terminale)
  par M. Leurion, T. Lautard et J.J. Cariou. **CORRIGÉ** disponible
- **CAS PRATIQUES DE GESTION HÔTELIÈRE** (Bac. Techno. Hôtellerie - Terminale)
  par Florent Rey. **CORRIGÉ** disponible
- **TECHNIQUES ET MOYENS DE GESTION** (BTS Hôtellerie-Restauration 1ère année) le manuel *(nouvelle édition 2000) - par Jean-Claude Oulé*
- **TECHNIQUES ET MOYENS DE GESTION** - Comptabilité - Finance - Fiscalité (BTS Hôtellerie-Restauration 2ème année) - en 4 ouvrages : le manuel, le corrigé du manuel, les travaux pratiques, le corrigé des travaux pratiques - *par J.C. Oulé*
- **OUTILS MATHÉMATIQUES APPLIQUÉS À LA GESTION HÔTELIÈRE**
  par Isabelle Goyeneix et Pascal Goureaux
- **PHYSIQUE ET CHIMIE APPLIQUÉES AUX ÉQUIPEMENTS DE L'HÔTELLERIE-RESTAURATION** - *par Laure Fort*
- **ÉQUIPEMENT - SCIENCES APPLIQUÉES** *(édition augmentée)*
  Fonctionnement - Entretien - Sécurité - *par Alain Chrétien et Brigitte Rougier.*
  CORRIGÉ disponible
- **TECHNOLOGIE DES ÉQUIPEMENTS ET DES PRODUITS -** Fiches techniques (formations hôtelières/sanitaires et sociales - *par Alain Chrétien et Brigitte Rougier.*
  CORRIGÉ disponible
- **SCIENCES APPLIQUÉES À L'ALIMENTATION** - Besoins et rations alimentaires
  Menus - Régimes simples - *par Dominique Brunet-Loiseau*
- **SCIENCES APPLIQUÉES À L'ALIMENTATION ET À L'HYGIÈNE** (CAP-BEP)
  Nutrition - Microbiologie - Règles d'hygiène - *par Dominique Brunet-Loiseau*
- **MODULES DE SCIENCES APPLIQUÉES À L'HYGIÈNE ET À L'ALIMENTATION** en *5 ouvrages : version professeur, version élève.* Fiches d'évaluation : *version professeur, version élève.* Matrices pour transparents - *par M. Faraguna, J. Di Lena-Reiland et M. Muschert*
- **CONNAISSANCE DE L'ENTREPRISE HÔTELIÈRE,** de son environnement économique, juridique et social *(nouvelle édition 99) par Christiane Balanger.*
  CORRIGÉ disponible
- **DROIT DE L'ENTREPRISE HÔTELIÈRE** *(avec mise à jour)*
  par Renée Graglia
- **DROIT APPLIQUÉ À L'ENTREPRISE HÔTELIÈRE** (Bac. Techno. Hôtellerie - 1ère)
  par Renée Graglia
- **DROIT APPLIQUÉ À L'ENTREPRISE HÔTELIÈRE** (Bac. Techno. Hôtellerie - Termin.)
  par Renée Graglia
- **ÉCONOMIE ET DROIT** (Bac. Techno. Hôtellerie - Seconde)
  par Renée Graglia et Jean-Luc Cordon
- **ÉCONOMIE ET DROIT - Dossiers d'activité** (Bac. Techno. Hôtellerie - Terminale)
  par Jean-Jacques Cariou et Florent Rey
- **MERCATIQUE HÔTELIÈRE ET TOURISTIQUE** (BTS Hôt.-Rest. et BTS Tourisme 1ère année) *par Corinne Van der Yeught.* **CORRIGÉ** disponible
- **BIENVENUE DANS LE MONDE DE L'HÉBERGEMENT** (CAP-BEP 1ère année)
  en 2 ouvrages : version professeur, version élève - *par G. Czapiewski, M. C. Lefer et F. Mainot.* **CORRIGÉ** disponible
- **ACCUEILLIR, HÉBERGER, COMMUNIQUER** (Bac. Techno. Hôtellerie Terminale) en 2 ouvrages : version professeur, version élève - *par Michel Hartbrot et Bruno Leproust*
- **L'ALLEMAND EN 10 LECONS - Serveurs - Cuisiniers**
  par Elisabeth Brikké
- **L'ESPAGNOL EN 10 LECONS - Serveurs - Cuisiniers**
  par Elisabeth Brikké
- **L'ESPAGNOL EN RESTAURATION**
  Cocina - Restaurante - Bar - Gastronomia - *par Paule Ducarteron*
- **ANGLAIS BAC PRO**
  Livret d'exercices. **CORRIGÉ** disponible - *par Gilles Raguin*
- **L'ANGLAIS EN 10 LECONS - restaurant** *(nouvelle édition 99)*
  par Elisabeth Brikké
- **MODULES DE SCIENCES APPLIQUÉES À L'ÉQUIPEMENT** avec 7 fiches d'auto-évaluation - en 3 ouvrages : version professeur, version élève. Matrices pour transparents *par M. Faraguna, J. Di Léna-Reiland et M. Muschert*
- **HÉBERGEMENT ET COMMUNICATION PROFESSIONNELLE** (BTS Hôtellerie-Restauration 1ère et 2ème année) - *par Jean-François Coutelou et Jean Hannedouche*
- **PRODUITS DE RESTAURANT**
  par P. Boileau, D. Gautier, M. Grosgeorge et D. Herry
- **SCIENCES APPLIQUÉES BAC PRO**
  par B. Rougier, A. Chrétien, D. Laprévotte et C. Thiébault
- **DÉCORS ET PRÉSENTATIONS**
  Assiettes - Plats - Buffets froids - *par Jean-Pierre Lebland et Olivier Dugabelle*
- **L'ART DES PRÉSENTATIONS**
  Assiettes - Plats - Buffets et tables dressés - Pièces factices - Techniques de décor Canapés - *par J.P. Lebland*
- **ANNALES Bac. Pro. Restauration** en 2 ouvrages : sujets et corrigés 1994 - 1995
- **ANNALES BEP hôtellerie-restaur./CAP cuisine- restaur.-hébergement** : 1998
- **ANNALES BTS hôtellerie-restauration** en 2 ouvrages : sujets et corrigés 1997 - 1998
- **ANNALES Bac. Pro.** : sujets 1996 - 1997 - 1998 - 1999

Collection LES FEUILLETS PRATIQUES

- **VINS ET FROMAGES DE FRANCE À LA CARTE**
  par Gérard Boisseau-Deschouarts
- **VINS ET FROMAGES DE L'UNION EUROPÉENNE À LA CARTE**
  par Gérard Boisseau-Deschouarts
- **COMPRENDRE LA CUISINE POUR MIEUX LA MAÎTRISER**
  par Dominique Béhague
- **FICHES TECHNIQUES DE RESTAURANT**
  Présentation des produits et préparation - *par Jean-Michel Flageul*

Collection ENSEIGNEMENT - FORMATION - TOURISME

- **DROIT DU TOURISME** - agences de voyages (BTS Tourisme-Loisirs)
  par Danièle Rubio-Ayache
- **L'ANGLAIS DU TOURISME EN 30 ESCALES**
  par Elisabeth Brikké
- **AGENCES DE VOYAGES ET GESTION**
  Tome 1 : Economie d'entreprise - Comptabilié - Statistiques. **CORRIGÉ** disponible
  par Bernard Clauzel et Georges Lejet
- **PLAN COMPTABLE PROFESSIONNEL DES AGENCES DE VOYAGES**
- **GÉOGRAPHIE DU TOURISME**
  par J.C. Dinety et E. Proust
- **ÉCONOMIE TOURISTIQUE** (BTS Hôtellerie-Restauration, formations supérieures)
  par Pascal Goureaux
- **LES GRANDS BASSINS TOURISTIQUES MONDIAUX** - *par M. Cogen-Vermesse, J.C. Dinety et E. Proust*

Collection BEP-CAP - LE PROGRAMME COMPLET ILLUSTRÉ

- **VINS ET AUTRES BOISSONS** - *par Paul Brunet*
- **TECHNOLOGIE RESTAURANT** en 2 ouvrages : 1ère année, 2ème année
  par Christian Ferret
- **TECHNOLOGIE CULINAIRE** en 2 ouvrages : 1ère année, 2ème année
  par M. Maincent, R. Labat et R. Leman

Collection BEP-CAP - FORMATION PAR ALTERNANCE

- **RESTAURATION** - Technologie de restaurant - Œnologie - Technologie d'hébergement - en 4 ouvrages : 1ère année, 2ème année, chacun : version professeur, version élève - *par J.F. Augez-Sartral*
- **SCIENCES APPLIQUÉES** - Alimentation, équipements, hygiène - en 2 ouvrages : version professeur, version élève - *par J.F. Augez-Sartral*
- **L'ENTREPRISE ET SON ENVIRONNEMENT** - Droit usuel - Eléments comptables - Environnement économique - Droit social - Institutions politiques
  par Christiane Balanger. **CORRIGÉ** disponible

Collection BEP-CAP - LE PROGRAMME EN 100 PAGES

- **CONNAISSANCES TECHNOLOGIQUES DE RESTAURANT** en 3 ouvrages : manuel, cahier d'exercices et corrigé - *par O. Sapelkine*
- **CONNAISSANCES TECHNOLOGIQUES DE CUISINE** en 3 ouvrages : manuel, cahier d'exercices et corrigé - *par J.P. Vichard*
- **SCIENCES APPLIQUÉES AUX ÉQUIPEMENTS ET INSTALLATIONS DES LOCAUX PROFESSSIONNELS -** *par A. Chrétien et B. Rougier*
- **SCIENCES APPLIQUÉES À L'ALIMENTATION ET À L'HYGIÈNE**
  par A. Chrétien et B. Rougier
- **ANGLAIS -** Savoirs et savoir-faire - *par G. Raguin.* **CORRIGÉ** disponible

ISBN 2-85708-241-X ISSN 0981-6615

COMMENT FONCTIONNE CE LIVRE ?

	Pages	A quoi ça sert ?
Your book's ingredients	6 & 7	Ces pages t'aideront à découvrir ton livre pour mieux t'en servir.
We're cooks! Your restaurant	8 & 9 10 à 12	Cette partie te permettra de parler de toi et de ton environnement professionnel en anglais.
10 leçons thématiques	13 à 112	Chaque leçon comprend : • une photo en première page avec une activité qui sert à découvrir le thème et faire le point sur ce que tu sais déjà, • une double page STARTERS (ton "entrée") qui te propose une sélection d'expressions et de mots (traduits dans ton Activity Book), les plus utilisés dans ta profession, avec des activités pour t'aider à les retenir en les employant : tu seras ainsi tout à fait paré pour l'étape suivante : • une double page MAIN COURSE (ton "plat principal") avec un résumé ou dialogue reprenant une sélection des termes ou expressions les plus importants et représentant des scènes réelles de ta vie de tous les jours (traductions dans ton Activity Book) ; les activités de compréhension et d'expression te permettront de " rentrer dans l'action ", et tu pourras comprendre le fonctionnement de la langue grâce aux activités de réflexion toutes simples de la fiche " THE LANGUAGE ", • une double page DESSERT pour que tu t'entraînes en rebrassant, et réemployant tout ce que tu viens de voir, • une double page AND ELSEWHERE? *(Et ailleurs?)* pour t'évader de temps en temps de la cuisine, il n'y a pas qu'elle ! – tu pourras ainsi aller voir ce qui se passe ailleurs, parler de ta vie quotidienne autre que celle de ton restaurant, et te préparer pour un éventuel séjour à l'étranger, • et enfin, une page TEST YOURSELF, pour faire le bilan et vérifier tes connaissances.
HOW DOES IT WORK?	113 à 132	Tu y trouveras des fiches grammaticales qui résument l'essentiel. Tu seras souvent invité à t'y reporter. Les exercices dans ton Activity Book te diront si tu as bien compris. (Ils reprennent d'ailleurs toujours le vocabulaire et les expressions que tu auras vus.)
YOUR GLOSSARY	133 à 160	Lexique bilingue anglais-français, français-anglais : n'hésite pas à t'en servir dès que tu ne comprends pas ou ne sais pas exprimer un mot en anglais !

REMERCIEMENTS

L'auteur tient à remercier très chaleureusement :

- d'abord et avant tout, son père, Ivan Brikké, sans qui rien ne serait, et sa famille proche,
- Karen Thompson, professeur d'anglais, pour ses précieuses relectures,
- la Chambre de Commerce et d'Industrie de Melun, qui nous a permis de prendre des photos dans les locaux du CFA d'Avon,
- Monsieur Georges Aubriet, ancien Directeur Pédagogique du CFA d'Avon, pour ses relectures et bons conseils, ainsi que l'ensemble de l'équipe, professeurs et élèves pour leur collaboration,
- Bill Barnsworth, Director of Catering and Bakery Studies du Birmingham College of Food, Tourism and Creative Studies, et Monsieur Michel Maincent Morel, Professeur Technique d'enseignement professionnel au Lycée hôtelier Jean Drouant Paris 17ème et auteur de : Travaux Pratiques de Cuisine, et sa traduction anglaise : Practical Kitchen Work, Cuisine de référence et Technologie culinaire, pour leurs relectures,
- SIA ESPACE (et particulièrement le magasin situé 7, rue de France à Fontainebleau), pour le prêt de fleurs, vases et plats divers, et pour les photos pages 5, 43 et 54.
- l'illustrateur, Paul Beaupère, pour la vie et la couleur qu'il a apporté à ce livre,
- et Tony Kowalczyk, d'ALTUS Communication, pour sa persévérance et toutes ses bonnes idées.

SUMMARY
SOMMAIRE

ACTIVITY
ACTIVITÉ

1. **Which translation for which illustration?**
   Quelle traduction pour quelle illustration ?

   Les poissons
   Les viandes
   La fourchette internationale et les vins
   Les activités de la cuisine
   Votre cuisine
   Ça, c'est de la cuisine !
   Les salades
   Préparons le petit déjeuner !
   Les fromages et desserts
   Les commandes sont des ordres !

2. **Explain your choice.** *Explique ton choix.*
3. **Describe each photograph.**
   Décris chaque photo.

Et ailleurs ? AND ELSEWHERE?

Lesson 3 — Orders are orders!

p.33

Lesson 4 — Let's prepare breakfast!

p.43

SUMMARY

SOMMAIRE

Lesson 5 — Salads

p.53

Lesson 6 — Meats

p.63

Lesson 7 — Fish

p.73

YOUR BOOK'S

DISCOVER YOUR BOOK!

DÉCOUVRE TON LIVRE !

1 Feuillette les pages de ton livre, et essaie de retrouver à quelle traduction française correspond chaque rubrique :

Noms des rubriques	Traductions (dans le désordre)
1. Starters	a. Verbes à avaler
2. Listen	b. Dessert
3. Test yourself!	c. Au secours !
4. Main course	d. Entrées (dans un menu)
5. And you?	e. Plat principal
6. The language	f. La langue (grammaire)
7. Verbs to swallow	g. Et ailleurs ?
8. And elsewhere?	h. Écoute
9. Dessert	i. Et toi ?
10. Help!	j. Vérifie tes connaissances !

2 Quelle est la rubrique (ci-dessus) qui :

a) t'indique qu'il faut écouter un texte enregistré ?

b) sert à te faire observer et comprendre comment fonctionne la langue anglaise ?

c) te donne des activités d'entraînement pour réemployer ce que tu viens de voir ?

d) te donne la liste des verbes à retenir ?

e) te fait découvrir un peu de civilisation ?

f) te donne la possibilité de t'exprimer à ton tour en anglais à l'oral ou à l'écrit ?

g) te donne un peu d'aide ?

h) te donne l'essentiel de ce qu'il faut retenir par le biais de résumés ou dialogues accompagnés d'activités d'entraînement ?

i) te permet de t'entraîner à utiliser les mots / expressions les plus utilisés dans ta profession, avant de découvrir les dialogues ou résumés dans lesquels tu vas les retrouver ?

j) te permet de faire le point sur ce que tu sais vraiment ?

3 Combien de parties y-a-t-il dans ton livre ?

a) 7 ?

b) 4 ?

c) 3 ?

d) 5 ?

INGREDIENTS

LES INGRÉDIENTS DE TON LIVRE

4 *A quelles parties de ton livre correspondent les double pages suivantes ?*

1

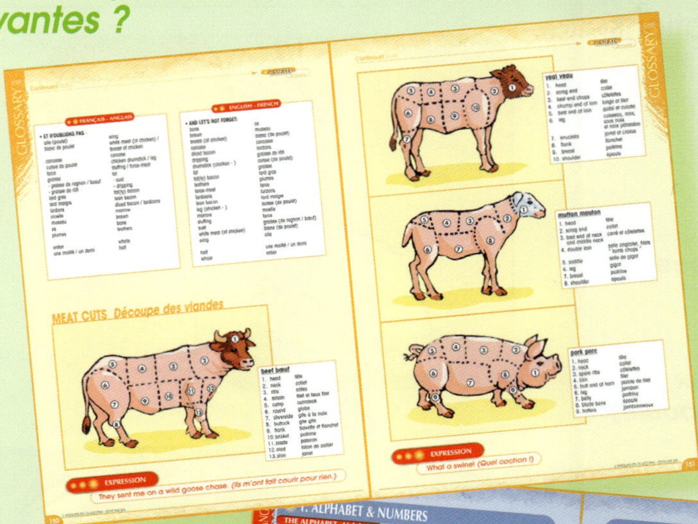

2

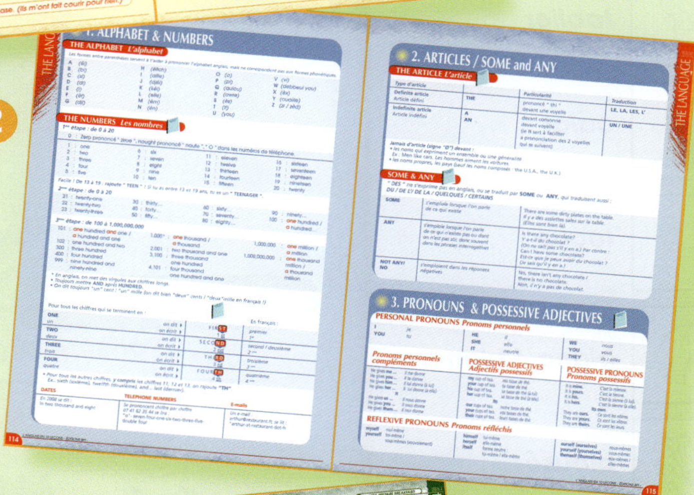

3

AND YOU?

Imagine un petit dialogue en utilisant ces expressions qui peuvent t'être utiles !

Help!	*Au secours !*
Do you know... ?	*Connais-tu / Sais-tu ... ?*
No! I don't!	*Non ! (Je ne sais pas !)*
It means...	*Cela veut dire ...*
I forgot my book.	*J'ai oublié mon livre.*
Close the door!	*Ferme (/ Fermez) la porte !*
Open the window!	*Ouvre (/ Ouvrez) la fenêtre !*
Come in !	*Entre ! (/ Entrez !)*
Out! / Get out!	*Dehors!*

WE'RE

THE KITCHEN STAFF

LE PERSONNEL DE CUISINE

Head Chef

Chef de cuisine

Fish Chef

Poissonnier(e)

Pastry Chef

Cuisinier pâtissier

STARTERS

1. Link the words to their translations.
Relie les mots à leurs traductions.

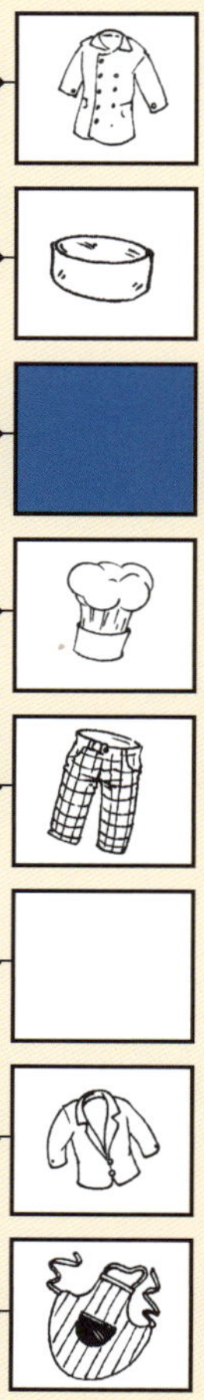

blouse	***veste***
cap	***bleu / bleue***
blue	***pantalon à carreaux (pied de poule)***
Chef's hat	***tablier***
check trousers (checks)	***calot***
white	***toque***
jacket	***blanc / blanche***
apron	***blouse***

2. a.What are they wearing?
Que portent-ils / elles ?

Ex: The Chef is wearing a / an...
He / She has a / an ...

Use the personal pronouns (he / she) and the verb have. Help pages 115 and 123.

Utilise les pronoms personnels (il / elle) et le verbe avoir. Aide pages 115 et 123.

LISTEN!

3.Listen to the dialogue: " Who are we? "
Écoute le dialogue : " Qui sommes-nous ? "

LANGUAGE HELP

THE ARTICLE *L'ARTICLE*

un / une : a (devant consonne)
an (devant voyelle)

LES 2 PARTICULARITÉS DE L'ADJECTIF ANGLAIS

Les adjectifs anglais (white, black etc.)
- se placent toujours avant le nom,
- et sont invariables !

Entraîne-toi dans ton Activity Book.

COOKS!

NOUS SOMMES CUISINIERS / CUISINIÈRES !

Chef/Cook

Cuisinier, Cuisinière

Roast Chef

Rôtisseur (grillardin)

Commis Chef

Commis cuisinier/cuisinière

Chef de partie	**Chef de partie**
Saucier	**Sauce Chef**
Entremetiers	**Vegetable Chef**
Garde-manger	**Larder Chef**

MAIN COURSE

4. Who is who? *Qui est qui ?*

Listen to the dialogue again and say (or write in your Activity Book), who is who. Use the verb "be".
Écoute à nouveau l'enregistrement et dis (ou écris dans ton Activity Book), qui est qui.
Utilise le verbe " être ".

5. a. Describe your kitchen staff.

Décris ton personnel de cuisine.

In our kitchen, there is ... *Dans notre cuisine, il y a ...*

b. Then, describe your neighbour's kichen.

Puis, décris la cuisine de ton voisin / ta voisine.

In his / her / their kitchen, there is ...

LANGUAGE HELP

POUR INDIQUER LA POSSESSION

my :	*mon, ma, mes*	*Voir page 115*
your :	*ton, ta, tes*	
his / her :	*son, sa, ses*	
our :	*notre, nos*	
your :	*votre, vos*	
their :	*leur, leurs*	

LES PRONOMS PERSONNELS

Découvre / Révise-les page 115.
Entraîne-toi dans ton Activity Book !

AND YOU?

HELP!

wear	*porter (un habit)*
I'm wearing	*je porte*
have	*avoir / sens de " porter " un habit, ici*
I have	*j'ai / je " porte "*
also	*aussi*

What are you wearing today?
Que portes-tu aujourd'hui ?

THE STAFF
LE PERSONNEL

1. Guess who's who! *Devine qui est qui !*

Link the words to their drawings and translations:
Relie les mots avec leurs dessins et traductions :

1. *maître d'hôtel*
2. *propriétaire*
3. *caissière*
4. *Chef de cuisine*
5. *cuisinier / cuisinière*
6. *femme de chambre*
7. *gérant*
8. *barman*
9. *serveur*
10. *serveuse*
11. *Chef de rang*
12. *sommelier*
13. *apprenti / commis*
14. *fournisseur*
15. *brigade*

barman / bartender

Chef de rang

cashier

LISTEN!

2. Listen to the words and repeat. *Écoute les mots et répète.*

- *head waiter*
- *hotel-owner*
- *cashier*
- *Head Chef*
- *chambermaid*
- *manager*
- *barman*
- *waiter*
- *waitress*

wine-waiter / wine-butler

Chef / cook

waiter

Head Chef

brigade

head waiter

manager

commis Chef / trainee / apprentice

chambermaid

caterer

waitress

hotel-owner

RESTAURANT

TON RESTAURANT

3. Who works in the restaurant? the kitchen? other? (where?)

Qui travaille dans le restaurant ? la cuisine ? autre ? (où ?)

waiter? head waiter? Chef? Chef de rang? chambermaid? wine-waiter? barman? Head Chef?

HELP!

set the table	*mettre la table*
sit down	*s'asseoir (be seated : être assis)*
give orders	*donner des ordres*
take care	*s'occuper de*
learn	*apprendre*
work	*travailler*
run	*diriger (mais cela veut aussi dire courir !)*

4. Who am I?

Qui suis-je ?

1. I work in the restaurant, I set the tables and serve the customers.
2. I sit all day, and the clients come to pay.
3. I give the orders in the kitchen.
4. I take care of the bedrooms in the hotel.
5. I'm learning to be a waitress.
6. I work at the bar.
7. I give orders to the waiters and waitresses.
8. I run the hotel.

IN THE RESTAURANT

DANS LE RESTAURANT

5. Where are they?

Où sont-ils ?

reception (area)
bar
lounge
dining-room
cloak-room
kitchen

1. Where's the barman? He's in the ...
2. Where's the Chef?
3. Where's the head-waiter?
4. Where's the Head Chef?
5. Where's the hotel-owner?
6. Where's the wine-waiter?

HELP!

have breakfast	*prendre le petit déjeuner*
lunch / have lunch	*déjeuner*
dine / have dinner	*dîner*

1. What do you have for breakfast? for lunch? / for dinner?
   Et toi que prends-tu au petit déjeuner ? déjeuner ? / dîner ?
2. Do you have a coffee break or a tea break?
   Fais-tu une pause thé ou café ?

Voir lexique pages 133 - 160
Boissons p.134

AND YOU?

MEALS AND CUSTOMERS
REPAS ET CLIENTS

6. Listen to the recording, and say which meal is described.
Écoute l'enregistrement et dis quel repas est décrit.

1. Breakfast 2. Coffee break / Tea break
3. Lunch 4. Tea time 5. Dinner / Supper

7. Which customer for which meal?
Quel client pour quel repas ?

Link the meals to the appropriate customers.
Relie les repas aux clients appropriés.

1. A business man	a. A buffet
2. A couple in love	b. A dinner a day
3. A group of tourists	c. An express lunch
4. A regular customer *(Un client régulier)*	d. A drive-in eat-away meal
5. A group of friends (party : *fête)*	e. A dinner with candles / A candle lit dinner
6. A family	f. A typical meal

THE FURNITURE
LES MEUBLES

8. Match these words with their translations and illustrations.
Relie ces mots avec leurs traductions et illustrations.

1. sideboard
2. hot plate
3. buffet
4. table
5. chair, high chair / baby chair
6. trolley / cart

table - chaise / chaise haute (bébé) - chauffe-plat - chariot - buffet - console.

HELP!

arrange / place	*disposer*
near	*près de*
in front of / behind	*devant* *derrière*

9. How is the furniture arranged in your restaurant ?
Comment sont disposés les meubles dans ton restaurant ?

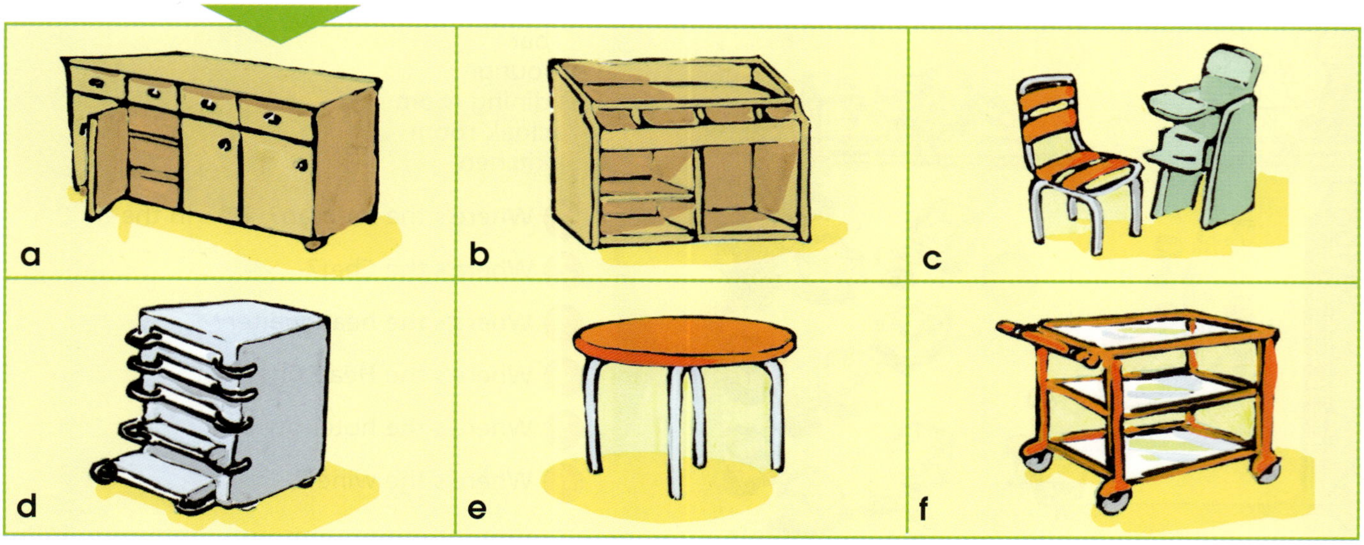

1 Your kitchen

Your kitchen
Your kitchen
Your kitchen

HELLO!

It's time to go to the kitchen!
Il est l'heure d'aller en cuisine !

STARTERS

WORDS

The kitchen *La cuisine*

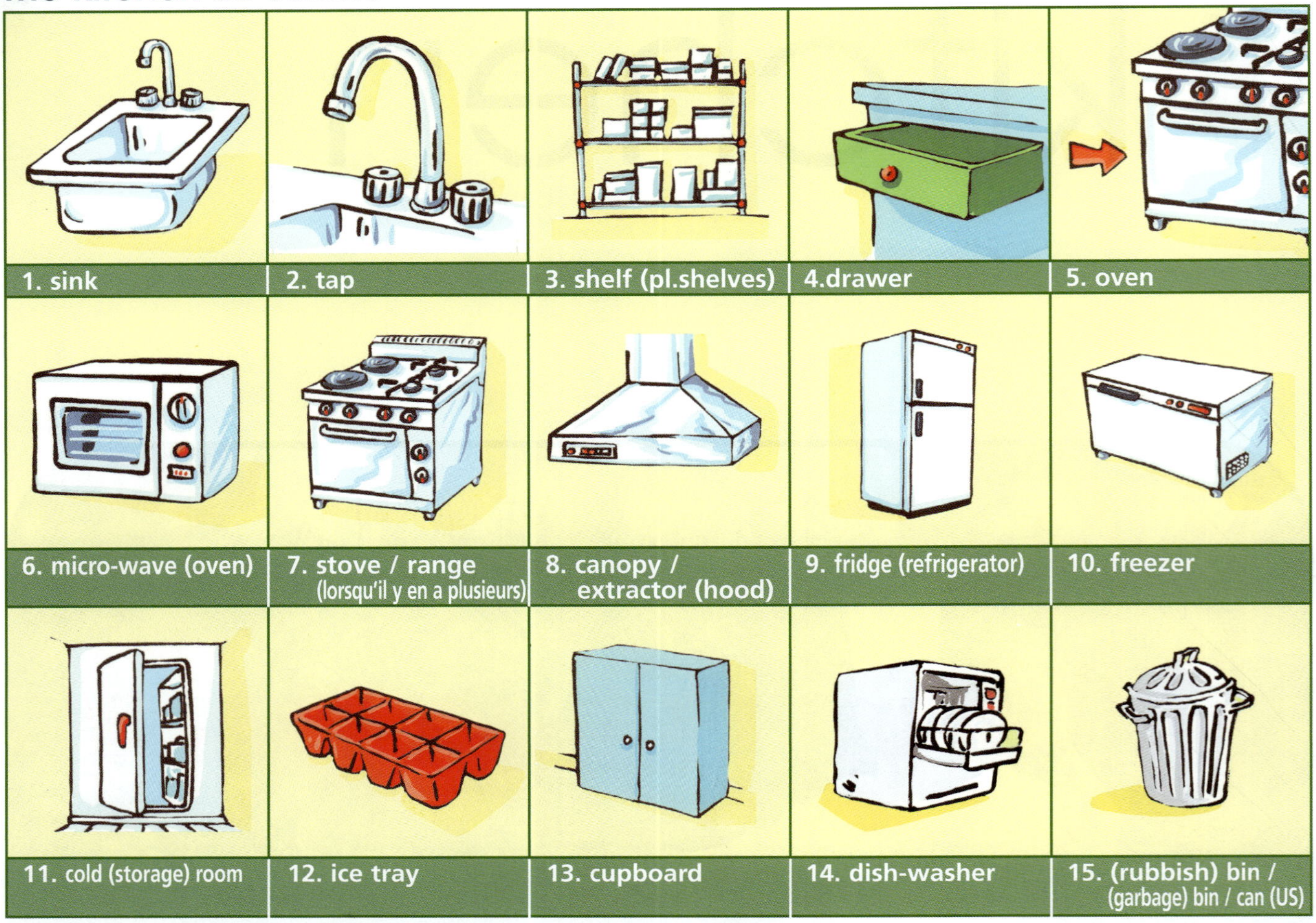

plaque à induction : **induction hob**

EXPRESSIONS

Voici notre cuisine...
Voici la plonge, à gauche / droite en entrant.
Les casseroles sont sur ces étagères.
Les ustensils de cuisine sont dans les tiroirs du placard.
Nous gardons la nourriture dans ces réfrigérateurs et dans la chambre froide.
Le congélateur est dans la pièce à côté.
Il y a aussi des aliments surgelés.
Et ... le local poubelle est juste ici, à l'extérieur.
Attention ! Les plaques sont très chaudes !
L'eau est bouillante !
Ne vous brûlez pas !
Et n'oubliez pas d'éteindre le feu en sortant.

This is our kitchen...
Here's the sink, on the left / right as you go in.
The pots and pans are on these shelves.
The kitchen utensils are in the cupboard drawers.
We keep the food in these refrigerators and in the cold room.
The freezer is in the room next door.
There is also some frozen food.
And... the bin (/ rubbish bin) place is right here, outside.
Be careful! The rings (hot plates) are very hot!
The water is boiling hot!
Don't burn yourself!
And don't forget to switch off the gas / electricity as you go out.

Le garde-manger est un local où l'on prépare tout pour la cuisine.

L'économat est un local où l'on garde les produits au sec.

The larder is a room where you prepare every-thing for the kitchen.

The dry stores is a place where you keep products / goods dry.

YOUR TURN!

À TON TOUR !

1. Link the words to the right definitions.
Relie les mots aux bonnes définitions.

1. It gets rid of kitchen smells.	dish-washer
2. You put the waste in it.	sink
3. It washes the dishes.	canopy / extractor (hood)
4. You wash everything in it.	ice tray
5. You use it to make ice-cubes.	(rubbish) bin

HELP !

get rid of	*enlever*
smells	*odeurs*
waste	*détritus*
the dishes	*la vaisselle*
dry	*sec / sèche*
ice-cubes	*glaçons*

2. Anagrams. Anagrammes.
Find the words! Trouve les mots !

1. atp
2. vone
3. redral
4. warder
5. ovets

3. Warm or cold? *Chaud ou froid ?*

a. Name three kitchen items which can cook / warm up food.
Nomme 3 éléments de cuisine qui peuvent cuire / réchauffer des aliments.

b. Name three kitchen items which can keep food cold / frozen.
Nomme 3 éléments de cuisine qui peuvent garder la nourriture au frais / gelée.

4. Name everything you have in your kitchen.
Nomme tout ce que tu as dans ta cuisine.

Ex : In our kitchen, we have a / an ....
Dans notre cuisine, nous avons un / une...

5. Using the expressions on page 14, answer these questions:
A l'aide des expressions page 14, réponds à ces questions :

Ex : We keep it / them in ... Nous le / les gardons (/ stockons) dans...

1. Where do you keep the pots and pans?
2. Where do you keep the kitchen utensils?
3. Where is the fridge / the freezer?
4. Where do you keep the food?
5. And where's the bin?

HELP !

where	*où*
keep	*garder* (ici, sens de "ranger"/stocker)
in	*dans*
on	*sur*
under / above, on top of	*en-dessous / au-dessus*
next to	*à côté de*
on the right / on the left	*à gauche / à droite*

(Voir aussi les "Tricky words" pages 119 à 122.)

6. Which is the right indefinite article for each word on page 14?
Quel est le bon article indéfini pour chaque mot de la page 14 ?

MAIN COURSE

DIALOGUE

THE KITCHEN

James is popping in to see his old friend from the catering school.
James passe voir son vieil ami de l'école hôtelière.

Head Chef : Someone is knocking at the door. Can you see who it is?
Commis Chef : Oh, hello James! Nice to see you!
James : I hope I'm not disturbing you?
Head Chef : Of course not! Do you want to visit my new restaurant?
James : Why not? Can I taste some of your dishes?
Head Chef : Typical! You are always ready for a good meal! Come and see the kitchen!
James : Is that a micro-wave oven?
Head Chef : Yes. Do you like the colour?
James : A blue micro-wave. Blue like the waves.
Head Chef : And this is where we peel the vegetables.
James : Is that a butcher's block?
Head Chef : Yes, it's where we cut and prepare meat. And here's the washing-up area.
James : What's in there?
Head Chef : It's the larder.
James : You have enough cupboards and shelves!
Head Chef : It's a big restaurant!
James : Yes, it looks big!

DO YOU UNDERSTAND THE DIALOGUE?

1. Find all the words you understand. *Repère tous les mots que tu comprends.*
Write them in your Activity Book. *Écris-les dans ton Activity Book.*

2. Choose the right answer. *Choisis la bonne réponse.*

Il n'est pas nécessaire de comprendre tout le texte pour pouvoir répondre ! Sers-toi de ton intuition !

1. Who is knocking at the door?	a. The Commis Chef	b. James	c. The Head Chef
2. Does James work in the restaurant?	a. Yes, he does.	b. No, he doesn't.	
3. Is James a catering school-friend?	a. No, he isn't.	b. Yes, he is.	
4. Is there a washing-up area?	a. Yes, there is.	b. No, there isn't.	
5. Where do they cut and prepare the meat?	a. in the larder	b. in the washing-up area	c. on a butcher's block

3. Now, try to answer on your own!
Maintenant, essaie de répondre seul(e) !

1. Is James visiting the kitchen?
2. Is the micro-wave oven blue?
3. Does the Head Chef have a new restaurant?
4. Do you work in a big restaurant?
5. Do you have cupboards in your restaurant?

HELP !

who — *qui*
Is he… → Yes, he is. / No, he isn't.
Does he … → Yes, he does. / No, he doesn't.
Is it … → Yes, it is. / No, it isn't.
Do you … → Yes, I do. / No, I don't.

YOUR TURN!

À TON TOUR !

4. Write a 6 line dialogue with a partner describing the school kitchen.
Rédige un dialogue de 6 lignes avec un(e) partenaire décrivant la cuisine de l'école.

THE LANGUAGE

Aide page 116

Yes / No Questions

Discover As-tu remarqué que l'on ne répond pas souvent à une question par simplement "Yes" ou "No"? Regarde bien la question et les réponses :

Do you like chocolate? Yes, I do. / No, I don't.

- Que reprend-t-on après "Yes"?
- Que reprend-t-on après "No"?

Have a go! Réponds:

1. Are you French? 2. Do you live in France? 3. Do you speak English?

Pas d'aide !

Like or Like?

Discover Tu connais déjà "like", le verbe aimer (/ bien aimer) :

I like the blue micro-wave oven. *J'aime (bien) le micro-onde bleu.*

Et puis il y a "like", la conjonction, qui se traduit par "comme" :

Blue like the waves. *Bleu comme les vagues.*

Have a go! Entraîne-toi dans ton Activity Book !

Aide page 124

Simple Present / Present Be + ing

Discover Observe ces phrases :

a. Do you want to visit my new restaurant?
b. I'm not disturbing you.
c. It looks big.

1. Repère les deux verbes au présent simple.
2. Repère le verbe au présent en BE + ING.
3. Que rajoute-t-on au verbe lorsqu'il est à la 3ème personne du présent simple ?
4. Décris les éléments nécessaires pour construire le présent en BE + ING.
5. Dis quel est le " petit mot " qui sert à construire les formes négatives et interrogatives du présent simple.

Have a go! Rédige 5 phrases au présent simple et 5 phrases au présent en BE + ING en employant les verbes ci-dessous.

10 VERBS TO SWALLOW ! or verbal expressions — *10 VERBES À AVALER ! ou expressions verbales*

1. see	*voir*	6. like	*(bien) aimer*
2. hope	*espérer*	7. cut	*couper*
3. want	*vouloir*	8. peel	*éplucher*
4. taste	*goûter*	9. prepare	*préparer*
5. come	*venir*	10. look	*avoir l'air / regarder*

DESSERT

REMEMBER THE WORDS?

1. THE KITCHEN CROSSWORD

a. Find the ten hidden words. *Trouve les dix mots cachés.*

F	R	E	E	Z	E	R	C	Y	E
C	N	S	H	E	L	F	U	T	S
A	O	W	S	I	K	E	P	E	N
N	H	H	E	Z	D	A	B	E	T
O	S	I	N	K	I	N	O	F	B
P	O	U	T	A	P	H	A	M	O
Y	E	D	R	A	W	E	R	E	V
A	D	E	Y	E	S	H	D	N	E
R	U	B	B	I	S	H	B	I	N
X	L	F	I	F	R	I	D	G	E

b. Give their French translation. *Donne leur traduction française.*

c. Fill in the crossword grid in your Activity Book. *Remplis la grille de mots croisés dans ton Activity Book.*

REMEMBER THE EXPRESSIONS?

2. Which do you use to: *Lequel utilises-tu pour :*

sink - bin - micro-wave oven - dish-washer - oven - canopy / extractor (hood) - fridge - stove - freezer - dry stores

Ex: You use a / an ... to ...

1. keep food cold / fresh?
2. keep food frozen?
3. keep food in a dry place?
4. cook food?
5. wash food?
6. throw away waste and left-overs?
7. warm up food very quickly?
8. wash the dishes?
9. get rid of kitchen smells?
10. bake a cake?

HELP !

keep	*garder*
a dry place	*un endroit sec*
wash	*laver*
the dishes	*la vaisselle / les plats*
throw away	*jeter*
waste	*les détritus*
left-overs	*les restes*
warm up	*réchauffer*

3. Describe this kitchen: *Décris cette cuisine :*

4. Look at the drawing carefully, and answer the questions.
Regarde le dessin attentivement, et réponds aux questions.

1. Where's the sink?
2. Where are the shelves?
3. Where is the micro-wave oven?
4. How many drawers are there?
5. How many hot rings are there?
6. Is there a cupboard?
7. Where's the fridge?
8. Is there a canopy / an extractor (hood)?

LISTEN!

5. Now, listen to the recording and complete the drawing in your Activity Book.
Maintenant, écoute l'enregistrement et complète le dessin dans ton Activity Book.

AND ELSEWHERE?

INTRODUCING ONESELF *SE PRÉSENTER*

GREETINGS *SALUTATIONS*

• Bonjour !	
- matin	Good morning!
- après-midi	Good afternoon!
- soir	Good evening!
• Bonsoir !	Good night!
• Madame	• Madam Mrs (Missis) + nom
• Monsieur	• Sir Mr (Mister) + nom
• Mademoiselle	• Miss

ASKING NAMES *DEMANDER LE NOM*

• Comment t'appelles-tu? / Comment vous appelez-vous ?	• What's your name?
• Je m'appelle...	• I am... (" je suis ") / I'm called... / My name's...(Mon nom est...)
• Es-tu / Êtes-vous ...?	• Are you...?
Oui !	Yes, I am!
Non !	No, I'm not!
• prénom	• first name / christian name forename
nom de famille	surname
nom de jeune fille	maiden name
• Comment l'épèles-tu ? / l'épelez-vous ?	• How do you spell it?
• Ça s'écrit...	• It's spelt...

FIRST QUESTIONS *PREMIÈRES QUESTIONS*

• Comment vas-tu ? / Comment allez-vous ?	• How are you?
Bien / Très bien, merci.	• Fine / Very well, thank you.
• D'où viens-tu ?	• Where do you come from?
Je viens de Paris.	I come from Paris.
• Où habites-tu ? / Où habitez-vous ?	• Where do you live?
J'habite à Paris, près de la Tour Eiffel.	I live in Paris, near the Eiffel Tower.
• Quel âge as-tu ? / avez-vous ?	• How old are you?
J'ai 17 ans.	I'm seventeen / I'm seventeen years old.
• As-tu des frères et sœurs ?	• Do you have any brothers and sisters?
J'ai un frère et une sœur	I have one brother and one sister.
J'ai des sœurs jumelles.	I have twin sisters.
Non, je n'en ai pas.	No, I don't have any. / I haven't got any.
• Que fait ton pére / ta mère ?	• What does your father / mother do?
• Où travailles-tu ? / Où travaillez-vous ?	• Where do you work?
Je travaille au restaurant Lechoualacrème.	I work at the Lechoua-lacrème restaurant.
Je travaille à l'auberge de la Courgette.	I work at the Courgette Inn.
• Comment viens-tu jus-qu'ici ?	• How do you get here?
En bus, train, voiture, moto..	By bus, train, car, motorbike.
Je viens à pied.	I walk.

Exercices sur la famille

AND YOU?

Ask your neighbour :

1. What's your name?
2. How do you spell your surname?
   (Voir alphabet page 114)
3. Do you live in France?
4. Where do you come from?
5. Do you have any brothers and sisters?
6. Do you have twin sisters?
7. How old are you?
   (Voir les nombres page 114)
8. Where do you work?

GREETINGS

SALUTATIONS

1. How do you say hello?
Choose the right answer in the right column.
Comment dis-tu bonjour / bonsoir ?
Choisis la bonne réponse dans la colonne de droite.

1. In the morning? *(le matin)*
2. In the afternoon? *(l'après-midi)*
3. In the evening? *(le soir)*
4. At night? *(la nuit)*

Good evening
Goodnight
Good morning
Good afternoon

2. How do you say good morning to...: *Comment dis-tu bonjour à...*

1. *Une petite fille ?*
2. *Un homme ?*
3. *Madame Tulip ?*
4. *Monsieur Tulip ?*
5. *Une dame ?*
6. *Un groupe d'enfants ?*
7. *Un petit garçon ?*

Good morning, Mrs (" Missis ") Tulip.
Good morning, Miss.
Good morning, Madam.
Good morning, young man.
Good morning, Sir.
Good morning, Mr. (" Mister ") Tulip.
Good morning, children.

CALLING SOMEONE

APPELER QUELQU'UN

3. Listen to the dialogues and answer:
Ecoute les dialogues, et réponds :

Dialogue 1

1. Who does the person want to speak to?
2. Is she in?
3. Is the person going to leave a message?
4. What is the message?

Dialogue 2

1. Who is calling?
2. Is there a Jonathan? Why?

4. Ask your neighbour:
Demande à ton voisin (/ ta voisine) :

1. What's your telephone number?
2. Can you say that again, please ?
3. What's the country code?
4. What's the area code?
5. Do you want my phone number?

5. Invent a telephone dialogue!
Invente un dialogue téléphonique !

SENDING A FAX/AN E-MAIL

ENVOYER UN FAX / UN E-MAIL

6. Listen to the dialogue, then write it.
Écoute le dialogue, puis écris-le.

HELP!

to speak to	*parler à*
be in	*être là*
be out	*être sorti(e)*
leave a message	*laisser un message*
grab a pencil	*attraper un crayon*
get / do (dial) a wrong number	*avoir / faire un mauvais numéro*
country code	*code du pays*
area code	*code de la région*
The line's busy.	*La ligne est occupée.*
You must dial...	*Il faut composer le...*
He / She will call you back.	*Il / Elle vous rappellera.*

AND YOU?

1. Do you have a fax? Does it work?
2. What's the number?
3. What's your e-mail (address)?

Voir au bas de la page 114.

TEST YOURSELF

1. Give the names of the following: 10 points

Donne les noms de :

2. Translate. *Traduis.* 10 points

1. Le bac à plonge est à droite en entrant.
2. Nous n'avons pas de placards.
   (Utilisez "not any!" Voir page 115.)
3. Nous avons un grand garde-manger.
4. Il y a quatre étagères.
5. La poubelle est à côté de la machine à laver.
6. Il y a une grande hotte aspirante.
7. Les ustensiles de cuisine sont dans les tiroirs.
8. Il y a cinq fours et deux fours micro-ondes.
9. Nous avons une chambre froide.
10. C'est un fourneau à plaques.

HELP !

Il y a → There is + nom
→ Durée de temps + "ago"

3. Présent simple ou présent en BE + ING ? 10 points

1. He is visiting the kitchen.
2. He has a beautiful restaurant.
3. Am I disturbing you?
4. Who is knocking at the door?
5. They are cutting the meat.
6. Does he work in your restaurant?
7. Do you have a butcher's block?
8. Do you want to leave a message?
9. He is speaking to the Head Chef.
10. We are peeling vegetables.

4. Yes / No questions. Answer the questions: 10 points

In your school kitchen, do you have: *Dans la cuisine de votre école, avez-vous :*

- a freezer?
- a larder?
- more than five shelves? (more than: plus de)
- a blue micro-wave oven?
- cupboards?
- a butcher's block?
- a washing-up area?
- induction hobs?
- a canopy / an extractor (hood)?
- a cold room?

5. Ask you teacher questions and write 10 lines presenting him/her. 10 points

Pose des questions à ton professeur et rédige 10 lignes le/la présentant.

2 That's cooking!

That's cooking!
That's cooking!
That's cooking

ACTIVITY

Describe the picture!
Décris la photo !

STARTERS

WORDS

Kitchen utensils *Les ustensiles de cuisine*

Opening...

1. tin (/can) opener

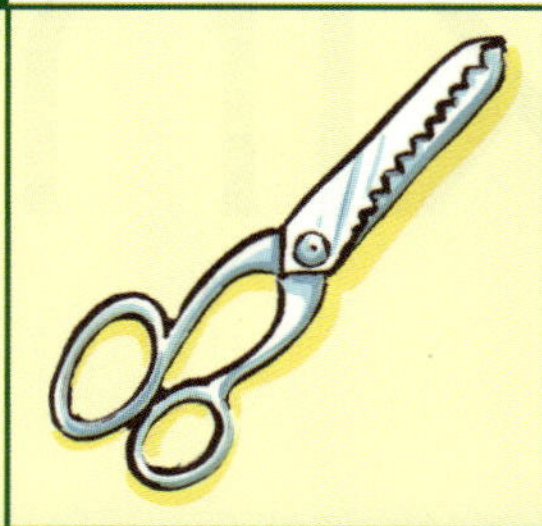
2. scissors

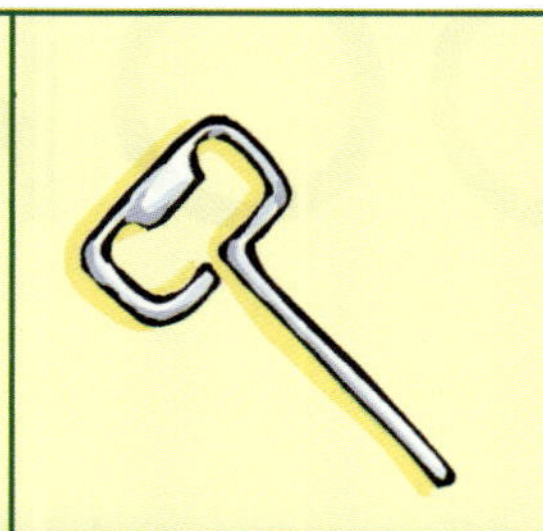
3. bottle-opener

4. corkscrew

5. opening

Cutting...

6. kitchen knife

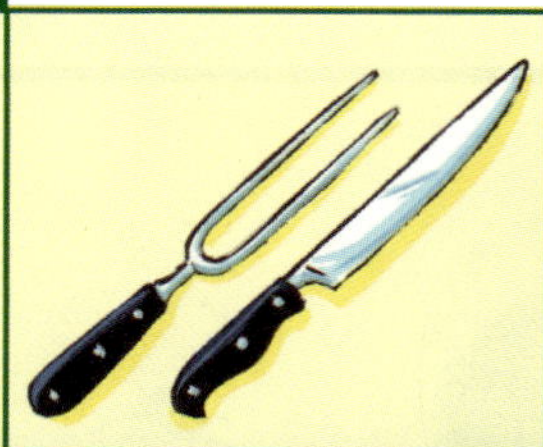
7. carving-knife and carving-fork

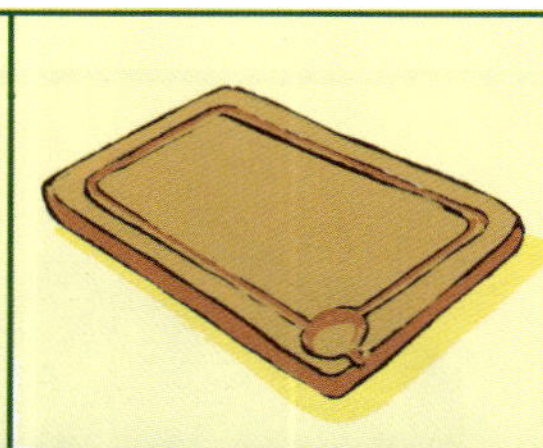
8. carving board / chopping board

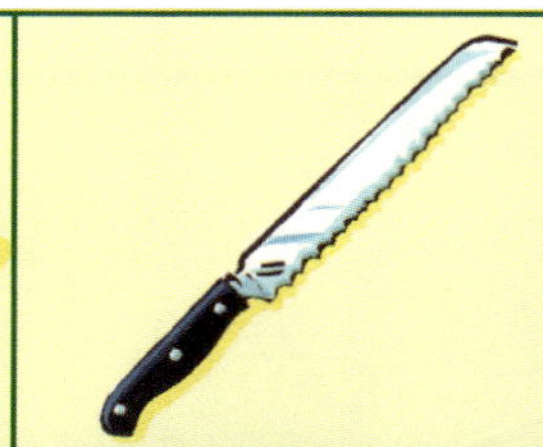
9. serrated-edged knife

10. (potato) peeler

Mixing / Sieving / Mincing / Grating...

11. mixing bowl & vegetable dish

12. plastic scraper, spatula, wooden spoon

13. whisk

14. electric mixer / blender

15. "moulin" (vegetable sieve)

16. sieve

17. mincer

18. colander

19. salad shaker / basket

20. grater

Cooking...

21. saucepan

22. "sauté" pan

23. frying pan

24.casserole dish

25. pressure-cooker

sauteuse : **sauteuse**

26. deep-fryer

27. chip-basket

28. pot

29. "bain-marie" pan

30. lid

31. earthenware cooking dish

32. oven-proof dish

33. pie-dish

34. soufflé-dish

35. baking-dish

36. grill pan

37. oven shelf / rack

38. baking sheet

39. roasting tray

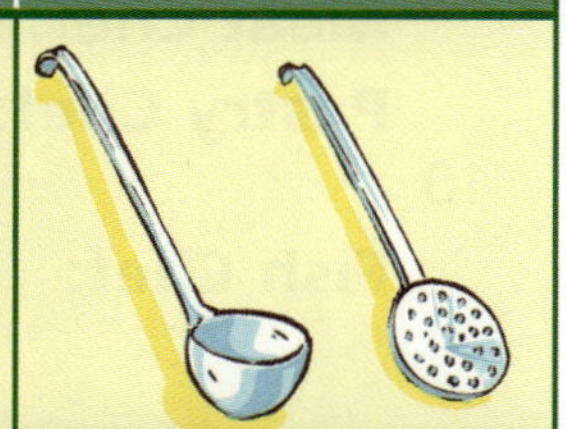

40. ladle and slotted spoon

Cleanning

41. dish-cloth

42. paper towels

43. liquid soap

HELP !

aluminium	*aluminium*
brass	*cuivre jaune*
cast-iron	*fonte*
copper	*cuivre rouge*
enamel	*émail*
glass	*verre*
gold	*or*
iron	*fer*
plastic	*matière plastique*
silver	*argent*
stainless steel	*acier inoxydable*
wood	*bois*

YOUR TURN!

À TON TOUR !

1. What can they be made of?
En quelle matière peuvent-ils être faits ?

Ex : The mixing bowl can be made out of wood.

a. scissors b. slotted spoon c. spatula
d. dish e. carving board f. whisk

2. Which is the odd one out? *Quel est l'intrus ?*

1. a. colander
   b. sieve
   c. dish-cloth
2. a. silver
   b. oven shelf
   c. wood
3. a. tin-opener
   b. scissors
   c. paper towels
4. a. frying pan
   b. carving board
   c. saucepan

3. Put an indefinite article in front of each word on pages 24 and 25.
Mets un article défini devant chaque mot pages 24 et 25.

MAIN COURSE

DIALOGUE

WHAT ARE YOU DOING?

Meat Chef: What are you doing?

Pastry Chef: I'm sieving the flour and mixing it with egg yolks for the wedding cake, and you?

Meat Chef: I'm carving a piece of duck. This carving knife needs to be sharpened.

Fish Chef: What are you looking for?

Pastry Chef: The whisk for the electric mixer! Where is it?

Meat Chef: You should find it with the spatulas. Do you need this dish?

Pastry Chef: No, I'm going to use a glass mixing bowl. Don't you need a lid for the saucepan?

Fish Chef: Yes ! You're right ! Now, where am I going to find a lid? I can't find anything anymore in this new kitchen!
He looks in a cupboard...
Ah, here are the pots and pans. And, here's a lid!

Pastry Chef: Can you move your baking-dish? I need room for my baking sheet.

Fish Chef: Can you move it for me please? Sorry, I forgot it was there!

Pastry Chef: It's all right! Hum... your frying pan... it's burning...

Fish Chef: Can you turn the heat down for me?

Pastry Chef: Hey! Don't you think I have other fish to fry?

DO YOU UNDERSTAND THE DIALOGUE?

1. Which words are missing? *Quels mots manquent ?*

a. The pastry Chef is preparing a ... ...
b. The meat Chef is ... a piece of duck.
c. The pastry Chef is looking for the ...
d. The fish Chef cannot find anything in ... ...
e. There are ... and ... ... in the cupboards.

2. What a clumsy fish cook! *Quel cuisinier (dans la partie poisson) étourdi !*

Find his three mistakes! *Retrouve ses trois erreurs !*

3. Who is doing what? *Qui fait quoi ?*

1. He / She is using a glass mixing bowl.
2. He / She is looking for a lid.
3. He / She is sieving the flour.
4. He / She is carving duck.
5. He / She has other fish to fry.

4. a. Why does the pastry Chef say he has " other fish to fry "?

a. because he is cooking fish.
b. because he has other things to do.
c. because he has to help the fish Chef.

b. What is the French equivalent expression?
Quelle est l'expression équivalente en français ?

THE LANGUAGE

Aide page 124

Le present be + ing

Sens / formes interrogative et negative

Discover

a. Tu as vu comment reconnaître et composer le présent BE + ING.
Mais sais-tu à quel moment il faut l'employer ?

Observe la phrase : **The frying pan is burning.**

1. Est-ce que l'action décrite : - a déjà débuté? - n'a pas encore débuté ?
2. Est-ce que l'on peut dire que : - l'on est en plein dans l'action ? - l'on attend que ça arrive ?
3. Est-ce que l'on a une idée du moment où cela va s'arrêter ?
   Est-ce que l'on peut dire que cette action se poursuit dans le futur ?
4. Fais ta propre déduction ! A quels moments peut-on utiliser le présent en be + ing ?

b Maintenant observe la même phrase à la forme interrogative et négative :
Is the frying pan burning? No! The frying pan is not burning!
1. Quel est le changement nécessaire pour construire la forme interrogative ?
2. Quel est le changement nécessaire pour construire la forme négative ?

Have a go!

Retrouve les formes en présent BE + ING qui se trouvent dans le dialogue page 26.

Aide page 125

Going to

Discover

Observe : **The pastry Chef is going to turn down the heat.**
1. Le " pastry Chef " : - a-t-il déjà baissé le feu ?
   - est-il en train de le baisser en ce moment ?
   - va-t-il le baisser ?
2. Quand on emploie t-on " going to "?
3. Quelle est la nature (et la forme) du mot qui se place après " going to "?

⚠ Ne confonds pas " going to " et le présent en be + ing !

Have a go!

Utilise les verbes ci-dessous pour construire 5 phrases avec " GOING TO ".

10 VERBS TO SWALLOW ! or verbal expressions — ***10 VERBES À AVALER !*** *ou expressions verbales*

1. do	*faire*	6. use	*utiliser*
2. sieve / sift (farine)	*passer*	7. find	*trouver*
3. carve	*découper*	8. move	*bouger*
4. sharpen	*aiguiser*	9. forget	*oublier*
5. look for	*chercher*	10. think	*penser*

DESSERT

REMEMBER THE WORDS?

1. a. Classify the words in four groups of three.
Classe les mots en quatre groupes de trois.

whisk	oven shelf	pot	paper towels
casserole dish	electric mixer	saucepan	roasting tray
dish-cloth	liquid soap	vegetable sieve	baking sheet

b. Which of the following titles goes for which group?
Quel titre suivant correspond à quel groupe?

cooking items - oven items - washing items - mixing items

2. What do you need to: *De quoi as-tu besoin pour:*

mincer - lid - ladle - mixer - tin / can (US) opener - vegetable sieve - frying pan - mixing bowl - salad shaker - liquid soap

1. dry the salad?
2. beat the egg whites stiff?
3. put all the ingredients in?
4. mince meat?
5. "purée" the vegetables?
6. serve soup?
7. cover a saucepan?
8. fry a steak?
9. open a tin / can?
10. wash your hands?

HELP !

beat the egg whites stiff	*monter (battre) les œufs en neige*
put in	*mettre "dedans"*
wash	*laver*
hands	*mains*

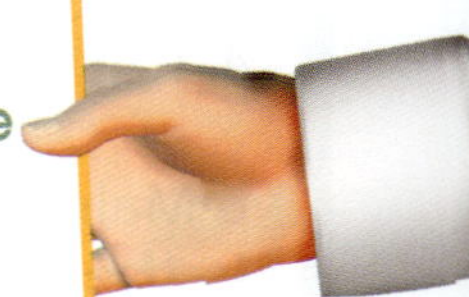

3. Find the verb hidden in each compound noun.
Trouve le verbe caché dans chaque nom composé.

Ex : a. salad shaker ⟶ shake
b. electric blender
c. carving board
d. baking-dish
e. frying pan
f. grill pan
g. tin opener
h. potato peeler
i. mixing bowl

4. Now, try to find the translation of the verbs in exercice n° 3.
Maintenant, essaie de trouver la traduction des verbes de l'exercice n° 3.

Write them in your Activity Book. *Écris-les dans ton Activity Book.*

5. Link the first part of the sentences to their right second part.
Relie la première partie des phrases à leur bonne seconde partie.

1. You use a peeler	to cook biscuits.
2. You use a grater	to make a potatoes "au gratin".
3. You use a sieve	to make fries / chips.
4. You use a deep-fryer	to grill mutton chops.
5. You use an oven-proof dish	to mix ingredients.
6. You use a saucepan	to melt the butter.
7. You use a grill pan	to sieve flour.
8. You use a mixing bowl	to "purée" vegetables.
9. You use a vegetable sieve	to grate cheese.
10. You use a baking sheet	to peel carrots.

HELP !

melt	*faire fondre*
" purée "	*passer (les légumes)*
cook	*cuisiner / faire*
bake	*cuire*

Write these sentences correctly in your Activity Book. *Écris les phrases correctement dans ton Activity Book.*

6. Now, find the actions (verbs) corresponding to the nouns:
Maintenant, trouve les actions (verbes) qui correspondent aux noms :

Use a dictionary if necessary. *Utilise un dictionnaire si besoin.*

Ex : peeler *(économe)* ➜ peel *(éplucher)*

mincer - whisk - grater - sieve - grill pan

LISTEN!

7. Learn to pronounce these words correctly!
Apprends à prononcer ces mots correctement !

mincer - grater - electric blender - corkscrew - salad shaker - scissors - colander - ladle - whisk - sieve - tin-opener - peeler - saucepan - pot - liquid soap

8. Listen to the dialogue. *Écoute le dialogue.*

1st listening: take notes.
2nd listening: answer the questions in your Activity Book.

9. Name everything you see in the drawing.
Nomme tout ce que tu vois dans le dessin.

LESSON 2

AND ELSEWHERE?

COUNTRIES OF THE WORLD

LES PAYS DU MONDE

1. Have a close look at this world map.
Regarde bien ("Regarde de près") cette carte du monde.

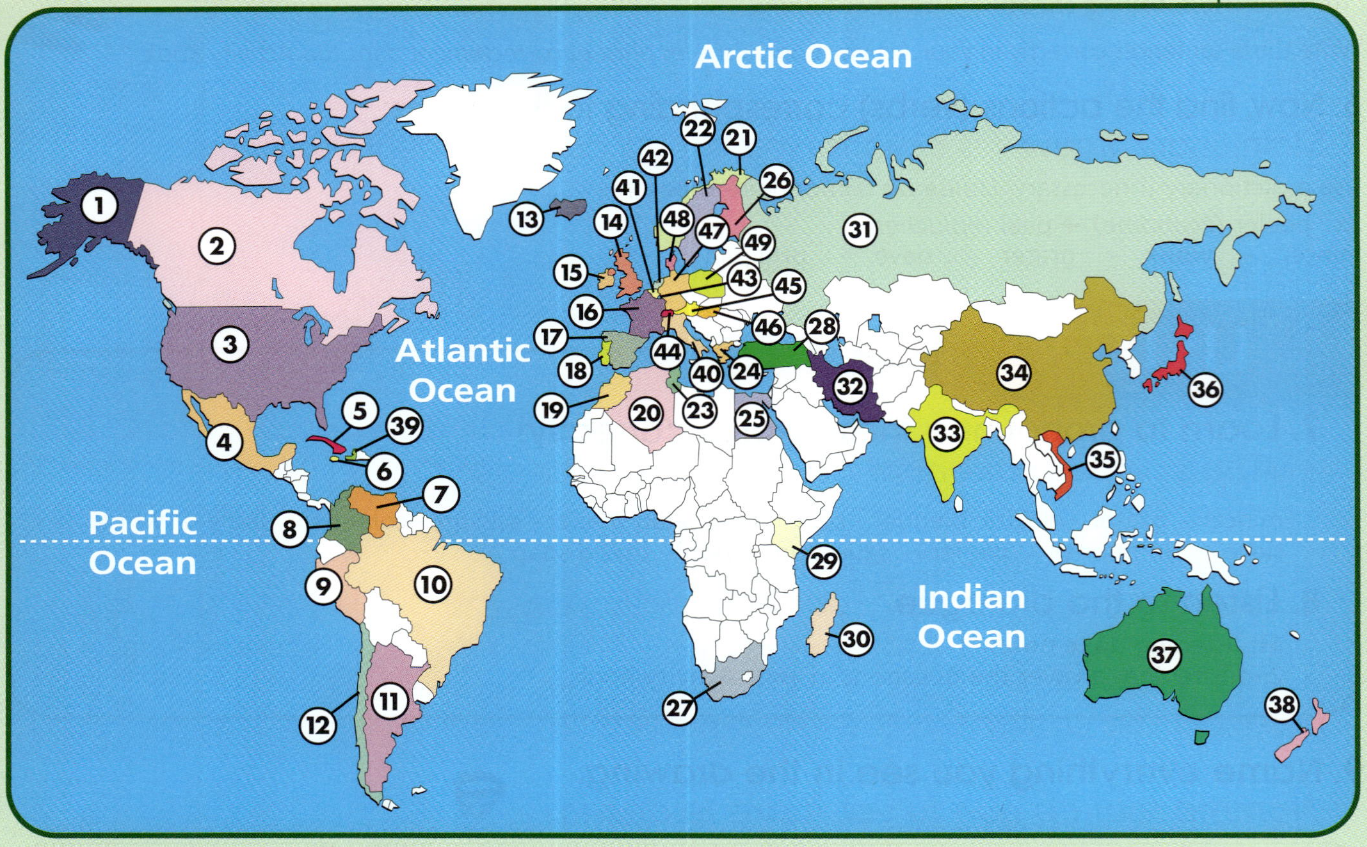

A **Alaska (USA)** *(1)*
Algeria *(20)*
Argentina *(11)*
Australia *(37)*
Austria *(45)*

B **Belgium** *(41)*
Brazil *(10)*

C **Canada** *(2)*
Chile *(12)*
China *(34)*
Colombia *(8)*
Cuba *(5)*

D **Denmark** *(48)*

E **Egypt** *(25)*

F **Finland** *(26)*
France *(16)*

G **Germany** *(47)*
Greece *(24)*

H **Haiti** *(39)*
Holland (Netherlands) *(42)*
Hungary *(46)*

I **Iceland** *(13)*
India *(33)*
Iran *(32)*
Ireland *(15)*
Italy *(40)*

J **Jamaica** *(6)*
Japan *(36)*

K **Kenya** *(29)*

L **Luxembourg** *(43)*

M **Madagascar** *(30)*
Mexico *(4)*
Morocco *(19)*

N **Netherlands (Holland)** *(42)*
New Zealand *(38)*
Norway *(21)*

P **Peru** *(9)*
Poland *(49)*
Portugal *(18)*

R **Russia** *(31)*

S **South Africa** *(27)*
Spain *(17)*
Sweden *(22)*
Switzerland *(44)*

T **Tunisia** *(23)*
Turkey *(28)*

U **United Kingdom** *(14)*
United States of America *(3)*

V **Venezuela** *(7)*
Vietnam *(35)*

HELP!

The United Kingdom includes:

Great Britain	*La Grande Bretagne*
Northern Ireland	*L'Irlande du Nord*

Great Britain includes:

England	*L'Angleterre*
Scotland	*L'Écosse*
Wales	*Le Pays de Galles*

Exercise

2. Classify the following countries.
Classe les pays suivants.

Ex : France is a European country.

European	African	Asian	South American	North American	Oceanian
	Ex : Kenya				

1. Australia
2. Belgium
3. Brazil
4. Canada
5. China
6. England
7. France
8. Germany
9. Holland
10. Italy
11. Japan
12. Norway
13. Russia
14. Spain
15. Sweden
16. Switzerland
17. Tunisia
18. U.S.A.
19. Argentina
20. New Zealand
21. India
22. Vietnam
23. South Africa
24. Venezuela

3. Listen to these people: where are they from?
Écoute ces personnes : d'où viennent-elles ?

HELP!

I'm	*je m'appelle (" je suis ")*
I'm from	*je viens de*
I live in	*j'habite à (ville) en (pays)*

4. Which currency belongs to which country / group of countries?
Quelle monnaie appartient à quel pays / groupe de pays ?

Ex : The Canadian dollar belongs to Canada.

1. Drachma
2. American dollar
3. Yen
4. Rupee
5. Yuan
6. Rouble
7. Pound
8. Euro
9. Cruzeiro
10. Bolivar

5. Which countries have you been to?
Dans quels pays es-tu allé(e) ?

I've been to ... Je suis allé(e) à / en ...

6. Which countries would you like to go to? Why?
Dans quels pays aimerais-tu aller ? Pourquoi ?

7. Capital cities and nationalities. See Activity Book.
Capitales et nationalités. Voir Cahier d'Activités.

TEST YOURSELF

1. Give the translation of the following utensils, and say which is not drawn. *Donne la traduction des ustensiles suivants, et dis lequel n'est pas dessiné.* 10 points

lid - "sauté" pan - colander - grater - whisk - kitchen knife - mixing bowl - potato peeler - ladle - mincer

2. a. Put a definite article, and then an indefinite article in front of these words: *Mets un article défini, puis un article indéfini devant ces mots :* 10 points

a. pot
b. baking sheet
c. lid
d. frying pan
e. enamel dish
f. roasting tray
g. electric blender
h. chip-basket
i. carving board
j. opening

b. Now, translate them. *Maintenant, traduis-les.* 10 points

3. Name a utensil which can be used to: 10 points *Nomme un ustensile qui peut être utilisé pour :*

1. carve a piece of meat.
2. "purée" vegetables.
3. mix ingredients.
4. beat the egg whites stiff.
5. open a bottle.
6. shake a salad.
7. fry fries.
8. bake a cake.
9. peel potatoes.
10. remove the pasta from the water.

4. Put the following sentences in the negative and interrogative form. 10 points *Mets les phrases suivantes à la forme négative et interrogative.*

Say if it is a general fact, if they are in the middle of doing something, or if it is going to happen.
Dis s'il s'agit d'un fait général, s'ils sont en pleine action, ou si cela va arriver .

1. She is sieving the flour.
2. He isn't moving the baking sheet.
3. They have other fish to fry.
4. He's going to use a pie-dish.
5. What are you doing?

5. Which nationalities correspond to: *Quelles nationalités correspondent à :* 10 points

1 . Italy
2 . Holland
3 . France
4 . Greece
5 . Germany
6 . Italy
7 . England
8 . Switzerland
9 . United States
10 . Spain

3 Orders are orders!

ACTIVITY

What is the double meaning of the word "order"?
Quel est le double sens du mot " order " ?
How do you take orders in your restaurant?
Comment prends-tu tes commandes dans ton restaurant ?
Do you use a pen? a pad? an electronic server pad (ESP)?
Utilises-tu un stylo ? un calepin ? une télécommande ?

STARTERS

WORDS

First of all, let's go shopping! *D'abord, allons faire les courses!*

Shops *Les magasins*

baker's (shop) / bakery

butcher's (shop)

fishmonger's / fish shop / fish store (US)

grocer's (shop)

wine shop / off licence

florist's (shop)

To prepare special occasions:
Pour préparer des évènements particuliers :

naissances / baptêmes / communions/ fiançailles / mariages / anniversaires	births / christenings / communions / engagements / weddings / anniversaries, birthdays
cocktails / réceptions / réunions	cocktails / receptions / meetings
conférences / congrès / déjeuners d'affaires	conferences / conventions / business luncheons
Noël / Nouvel An / Fête des rois / Pâques	Christmas (Xmas)/New Year's Eve/ Twelfth night day/ Easter
Fête des mères / pères	Mother's day / Father's day

*Voir aussi page 40.

EXPRESSIONS

Voici la commande de la table 5.	**Here's the order for table 5.**
Quels légumes veulent les clients ?	Which vegetables do the customers want?
C'est avec ou sans sauce?	Is it with or without sauce?
Ils le veulent avec du / des…	They want it garnished with some…
Y a-t-il du / des … ?	**Is there any… ?**
- Oui, nous en avons. / Il en reste.	- Yes, we have some. / We have some left.
- Non, nous n'en avons plus.	- No, we haven't got any left.
Comment veulent-ils la cuisson de la viande ?	**How do they want the meat cooked?**
La veux-tu / la voulez-vous :	Would you like it:
saignante, à point ou bien cuite ?	rare, medium rare or well done?
Est-ce que c'est prêt ?	**Is it ready?**
- Oui, c'est prêt !	- Yes, it's ready! / Yes, it is!
- Non, ce n'est pas prêt !	- No, it's not ready! / No, it's not!
Les clients sont pressés !	The customers are in a hurry!
Dépêchez-vous !	Hurry up!
Envoyez !	**Away !**

A MENU... *Un menu...*

The Chef's special / Today's special *La spécialité du Chef / Le plat du jour*

Starters / Hors-d'oeuvre
Melon with Parma ham
Prawn cocktail
Main course
Fish: Dab with black butter
Grilled salmon
Meat: Veal escalope with mushrooms
Rabbit stew with spring vegetables
Roasted guinea-fowl
Cheese platter
Dessert / Pudding / Sweet course
Strawberry or raspberry flan
Chocolate mousse
Plum pudding
Wines (Also see page 135)

Entrées / Hors-d'oeuvre
Melon au jambon de Parme
Cocktail de crevettes
Plat principal
Poissons : *Limande au beurre noir*
Saumon grillé
Viandes : *Escalope de veau aux champignons*
Civet de lapin avec printanière de légumes
Pintade rôtie
Plateau de fromages
Dessert / Entremets
Tarte aux fraises ou framboises
Mousse au chocolat
Clafoutis
Les vins *(Voir aussi page 135)*

YOUR TURN!
À TON TOUR !

1. Guess the translation of these shop-keepers! (The shop list on page 24 should help you.)
Devines la traduction de ces marchands ! (La liste des magasins page 24 devrait t'aider.)

baker - grocer - wine merchant - fishmonger - butcher - florist

2. Link the expression to the corresponding occasion.
Relie l'expression à la fête qui correspond.

Valentine's day - birth - Christmas - April 1st - New Year - a wedding

1. Merry Christmas!
2. Happy New Year!
3. April fool!
4. I love you!
5. Will you be my wife?
6. He has his mother's eyes!

3. Link the dish to the corresponding occasion. What can each be made of?
Relie le plat à l'événement qui correspond. En quoi consistent-ils ?

1. Easter egg
2. Christmas pudding
3. sugared almonds
4. chocolate log
5. layer cake

4. Put the words in the right order. *Mets les mots dans l'ordre.*

1. in – hurry – they're - a
2. some – you – like - sauce – would ?
3. it – not – ready – is
4. order – is – table – here – the – for – 7.
5. customers – want – vegetables – which – do – the?

5. Say if the following are a starter? a main course? a dessert?

Use your glossary pages 133 to 160.

1. rhubarb pie
2 mixed salad
3 mackerel in white wine
4. peach sorbet
5. brill fillets
6. cooked chicory with ham
7. loin of lamb with cream sauce
8. asparagus
9. cream puffs

MAIN COURSE

DIALOGUE

ORDERS ARE ORDERS!

Waiter: Last orders coming in!
Chef: All right, what is it?
Waiter : That'll be three avocado salads, three, and two mixed salads.
Chef: Three avocado salads and two mixed salads. I mustn't get it mixed up...
Waiter: I also want two grilled brill fillets, two stewed beef with carrots and one mussels in white wine.
Chef: Brill fillets..., some beef..., mussels...
But we haven't got any beef left!
Waiter: I'll ask them what they want instead.
Chef: What about the vegetables?
Waiter: They ordered boiled potatoes with the brill fillets and green beans with the mussels.
Chef: All right.
Waiter: And you'll have to be quick folks, these customers are in a hurry!
Chef: Most people are! You can take the salads in straight away.
A few minutes later...
Chef: This is a brill fillet, and here's another one. Any sauce on the green beans?
Waiter: No, no sauce. But more green beans, please!
Chef: Here you are. Away!

DO YOU UNDERSTAND THE DIALOGUE?

1. True or false? *Vrai ou faux ?*

1. There are two Chefs and two waiters in the dialogue.
2. The waiter is ordering five salads.
3. The customers do not eat fish.
4. The brill fillets are served with green beans.
5. The mussels are served with green beans.
6. There isn't any beef left.
7. The customers are in a hurry.
8. The mussels are cooked with wine.
9. The Chef is putting sauce on the green beans.
10. The Chefs have nearly finished work.

HELP !

eat	*manger*
served with...	*accompagné de..*
cooked with...	*cuisiné avec...*
put	*mettre*
nearly	*presque*

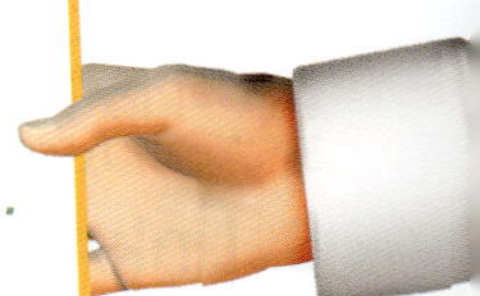

2. Now invent 5 true / false sentences.
Maintenant invente 5 phrases vraies / fausses.

3. Answer the questions. *Réponds aux questions.*

1. Is it the beginning or the end of the service?
2. What is the waiter doing?
3. What are the starters?
4. What are the main courses?
5. Are there any desserts?
6. Which vegetables go with the stewed beef?
7. What is " stewed " in French?
8. Translate " Away! "

YOUR TURN!

À TON TOUR !

4. Write out your own dialogue of an order! Act it out in the kitchen with a friend.

Rédige ton propre dialogue d'une commande ! Mime-le en cuisine avec un(e) camarade.

THE LANGUAGE

Aide page 116

The plural of nouns

Discover Observe ces phrases :

a. Last orders coming in!
b. That'll be three avocado salads.
c. I need boiled potatoes.

1. Repère les noms. Attention il y a un nom composé !
2. Ces noms sont-ils tous au pluriel ?
3. Quelle est la marque du pluriel en anglais ?
4. Que se passe-t-il avec un nom composé ?

Have a go!

5. Donne le pluriel des mots suivants :

bean - carrot - order - tomato - waitress – Head chef - avocado - apple - customer - salad

Aide page 115

Some & Any

Discover

a. The customers want some beef.
b. Do you have any beef?
C. No, we haven't got any beef left.

1. Dans quelle phrase est-on certain qu'il y a du bœuf ?
2. Dans quelle phrase exprime-t-on qu'il n'y en a pas ?
3. Dans quelle phrase n'est-on pas certain qu'il y en a?
4. Déduis : Dans quel cas a-t-on employé " some " ? Dans quel(s) cas a-t-on employé " any " ?
5. Comment traduirais-tu some et any dans ces phrases ?

Have a go!

5. Demande s'il y a des moules. (Tu n'es pas sûr(e) qu'il y en a).
6. Demande si tu peux avoir des moules. (Tu es sûr(e) qu'il y en a).
7. Dis qu'il n'y en a pas.

Aide page 117

This / That

Discover

That'll be three avocado salads.
This is a brill fillet.

1. Dans quel exemple reprend-t-on ce qui vient d'être dit ?
2. Dans quel exemple présente-t-on quelque chose pour la première fois ?
3. Traduis les phrases.
4. Déduis : quand emploies-tu "this" et "that"?
5. Retrouve le pluriel de this dans le dialogue.
6. Quel est le pluriel de that?

10 VERBS TO SWALLOW ! or verbal expressions — *10 VERBES À AVALER ! ou expressions verbales*

1. come in	*entrer (ici : arriver)*	6. speak to	*parler à*
2. must (auxiliaire)	*devoir*	7. be quick	*être rapide*
3. mix (up)	*mélanger*	8. be in a hurry	*être pressé*
4. need	*avoir besoin de*	9. take	*prendre*
5 be left	*rester*	10. send	*envoyer*

DESSERT

REMEMBER THE WORDS?

1. Name the right shop! *Nomme le bon magasin!*

Use your glossary! *Utilise ton lexique !*

Where do you buy… Où achètes-tu…
Ex: You buy veal cutlets at the butcher's.

1. ham?
2. butter?
3. shrimps?
4. fennel?
5. corn salad?
6. potatoes?
7. flowers?
8. a good bottle of wine?
9. bread?
10. brill fillets?

MORE…

2. Name the following events. *Nomme les évènements suivants.*

3. What do you usually prepare for: *Que prépares-tu habituellement pour :*

1. a Christmas Eve late supper?
2. a New Year's Eve?
3. an Easter lunch?

4. Write out a menu for one of these special occasions.
Rédige un menu pour une de ces occasions.

5. Answer the questions. *Réponds aux questions.*

Use *(Emploie)* : Yes, I do. / No, I don't. or Yes, it is. / No, it isn't.

1. Do you work on Christmas Eve?
2. Do you make any Twelfth night cake for Twelfth night day?
3. Is your restaurant full on St Valentine's day?
4. Do you buy food for your restaurant?
5. Do you have a fishmonger's near your house?
6. Do you have many receptions in your restaurant?
7. Do you have many weddings?
8. Do you celebrate Halloween?

HELP !

full	plein
near	près de
many (+ nom pluriel)	beaucoup (de)

REMEMBER THE EXPRESSIONS?

6. Which is the missing word? *Quel est le mot manquant ?*

cooked - order - vegetables - well done – hurry

1. Here's the … for table 12.
2. The customers are in a …
3. Which … do the customers want?
4. How do they want the meat … ?
5. Do they want it rare, medium rare or … ?

UNDERSTAND?

7. Listen to the order, take notes and answer the questions in your Activity Book.
Écoute l'enregistrement, prends des notes et réponds aux questions dans ton Activity Book.

EXPRESS!

8. Look at the order, and say all you can.
Regarde la commande, et dis tout ce que tu peux.

the slim restaurant

44, HEALTHY AVENUE
LONDON HW1 22Z

The restaurant … which makes you feel good!

ORDER NUMBER : 35

Table Number : 20

ORDERS	QUANTITY	OTHER COMMENTS
Brill fillet with spring vegetables	1	No sauce
Today's special – skate with caper sauce	2	
With :		
– Carrot mousse	1	
– Potatoes "au gratin"	1	
Mutton chops with mushrooms	2	Customers are in a hurry . . .

AND ELSEWHERE?

DAYS / MONTHS / SEASONS

JOURS / MOIS / SAISONS

1. DAYS OF THE WEEK *Jours de la semaine*

Wednesday	Tuesday	Thursday	Monday	Friday	Sunday	Saturday

1. What is the first day of the week?
2. What is the second day of the week?
3. Put the days in the right order.
4. When is your day off? (day off = jour de congé)
5. Which days do you work?

2. MONTHS OF THE YEAR *Mois de l'année*

Put the months in the right order: *Mets les mois dans le bon ordre :*

March - September - January - November - April - December - February - July - October - May - June - August

1. In which month do you say: "Merry Christmas!"?
2. When do you say: "Happy New Year!"?
3. When is your birthday? Ask your neighbour when his / her birthday is.
4. In which month do you celebrate Valentine's day? / Pancake day? / April fool's day?
5. When do you celebrate Guy Fawkes? / Halloween?
6. When do you celebrate Easter?
7. What is your favourite month? Why? (favourite : préféré)
8. When do you go on holiday? (go on holiday : partir en vacances)

HELP!

Halloween is a Celtic festival to welcome evil spirits and the supernatural.
Guy Fawkes is celebrated with fireworks and bonfires to remind us of the 1605 gunpowder plot.

AND YOU?

1. What is the date today? (See numbers page 114)
2. In which month did you start school?
3. In which month are you going to finish school?
4. Which is your favourite season? Why?
5. In which season do you: go skiing? / pick mushrooms? / go on holiday? / celebrate Easter?
6. What do you do on April fool's day?

3. THE SEASONS *Les saisons*

Which drawing suggests:
Quel dessin suggère :

autumn (/ fall)? winter? summer? spring?

(GOING) SHOPPING

(FAIRE) LES COURSES

4. Where do you buy… *Où achètes-tu …*

1. bread?
2. carrots?
3. scallops?
4. apples?
5. pasta?
6. rice?
7. milk?
8. salad?
9. chocolate?
10. ice-cream?
11. oranges?
12. potatoes?
13. pork chops?
14. oysters?
15. flour (farine)?
16. eggs?
17. biscuits?
18. butter?
19. cream (crème)?
20. anchovies?

At … *Chez le …*

the butcher's?	the grocer's?	the baker's?	the fishmonger's?	the supermarket?

5. How much / How many do you want?
Combien en voulez-vous / en veux-tu ?

(See page 120 : How much / How many)

Which is correct? How many or how much?

1. … milk?
2. … bread rolls? (petits pains)
3. … packets of rice?
4. … pounds of apples?
5. … ounces of mushrooms?
6. … bananas?
7. … litres of milk?
8. … salads?
9. … cheese? (fromage)
10. … carrots?

HELP!

1 ounce (oz.) = *28.35 grammes*
1 pound (lb) = *0. 453 kilogrammes*
= *16 oz.*
1 stone (st.) = *6. 35 kilogrammes*

(Voir aussi page 160.)

6. Listen to the recording and complete the text in your Activity Book.
Écoute l'enregistrement et complète le texte dans ton Cahier d'Activités.

7. What colour are they? Make full sentences. (Ex: Lemons are yellow.)
De quelle couleur sont-ils /elles ? Fais des phrases complètes.

1. milk
2. carrots
3. bananas
4. lettuce
5. an orange
6. the sun
7. the sky
8. an aubergine
9. a boletus mushroom
10. a tomato

HELP!

white	*blanc*	**brown**	*brun*
blue	*bleu*	**grey**	*gris*
red	*rouge*	**green**	*vert*
pink	*rose*	**purple / violet**	*violet*
beige	*beige*	**yellow**	*jaune*
black	*noir*		
navy blue	*bleu marine*	**light**	*clair*
orange	*orange*	**dark**	*foncé*

8. AND WHERE DO YOU BUY:
Et où achètes-tu :

1. your shoes?
2. your coat?
3. your socks?
4. your medicine? (tes médicaments ?)
5. books?

At… *Chez le …*

the pharmacy / drugstore (us)?	the supermarket?	the shoe shop?	the bookshop?

TEST YOURSELF

1. Find five shops among the following letters. 5 points
Trouve cinq magasins parmi ces lettres.

qefhzaeiuhezzefwineshopefuhlfhbutchersezfhefhibakeryejfuansyouwhathfloristsvegetablesandcheeseisso-miamehahhohrnoohfishshopeurhreyesahenah

2. Name 5 special events. Nomme 5 évènements particuliers. 5 points

3. Translate the menu. *Traduis le menu.* 15 points

Menu

Starters / Hors-d'oeuvre
Avocado mousse
Mixed salad
Prawn cocktail

Main course (Fish & Meat)
Grilled brill fillets
Mussels in white wine
Veal escalope with mushrooms
Beef stew and potatoes "au gratin"

Cheese platter

Dessert
Plum pudding
Strawberry flan
Chocolate log

Wines

4. Find the questions to these answers: 5 points
Trouve les questions à ces réponses :

1. No, they don't want any sauce.
2. No, it's not ready!
3. Yes, there is some beef.
4. They want it well done.
5. They want boiled potatoes and green beans.

5. SOME or ANY? 5 points

1. Would you like .... vegetables?
2. Do you have ... asparagus?
3. They want ... green beans.
4. Is there ... sauce left?
5. Yes, I will bring you ...

6. What is the plural of the following words? 5 points
Quel est le pluriel des mots suivants ?

1. flower
2. potato
3. fish
4. vegetable
5. knife

7. Complete the following days / months / seasons: 10 points
Complète les jours / mois / saisons suivants :

1. T...ur...day
2. Tu...sday
3. We...esday
4. Feb...ary
5. Mar...
6. A...ril
7. Octobe...
8. Jul...
9. Aut...n
10. ...inter

4 Let's prepare breakfast!

ACTIVITY

Describe this breakfast tray.

Décris ce plateau de petit déjeuner.

STARTERS

What you need to prepare breakfast:
Ce dont tu as besoin pour préparer le petit déjeuner :

1. coffee-pot	2. coffee filters and ground coffee	3. (electric) kettle	4. teapot	5. tea-bag

6. cocoa powder and some milk	7. egg timer	8. juice extractor	9. bread knife	10. toaster

What you need to serve breakfast:
Ce dont tu as besoin pour servir le petit déjeuner :

11. cup and saucer	12. egg-cup & egg	13. spoon	14. knife	15. sometimes a fork

16. bread / bread rolls, buns in a bread basket	17. butter and butter dish	18. jam or marmalade	19. honey	20. sugar lumps and sugar-bowl

21. plate	22. bowl	23. tea-strainer	24. milk jug	25. napkins

EXPRESSIONS

Que boivent les clients ?
- du thé ? / du café ? (lèger ? / fort ?)
- un chocolat chaud ?

avec ou sans sucre ? lait ? crème ?

Veulent-ils...
- des céréales (sèches / cuites) ?
- des flocons d'avoine ? / des flocons de maïs ?
- des crêpes avec du sirop d'érable ?
- des oranges pressées ? / du jus de fruit ?

Combien de tranches de pain (pain grillé) ?
- deux ou trois, s'il vous plaît.

What are the guests having to drink?
- some tea? / some coffee? (weak? / strong?)
- a hot chocolate?

with or without sugar? milk? cream?

Do they want...
- (dry / cooked) cereal?
- some porridge (oats)? / some cornflakes?
- pancakes with Maple syrup?
- fresh orange juice? fruit juice?

How many slices of bread (toasts)?
- two or three, please.

Comment veux-tu ton / voulez-vous vos œufs ?	How do you want your eggs cooked?
- à la coque ?	- boiled?
- brouillés ?	- scrambled?
- (cuits) durs ? / mollets ?	- hard-boiled? / soft-boiled?
- en omelette (baveuse / roulée) ?	- in (a runny / a rolled) omelette?
- pochés ?	- poached?
- sur le plat (avec du " bacon ") ?	- fried (with bacon)?
cuits des deux côtés	easy over (cooked both sides)
cuits normal (jaune apparent)	sunny side up
bien cuits	well done

YOUR TURN!

À TON TOUR !

1. Make your own bread! *Fais ton propre pain !*

Link the words to the right translation. *Relie les mots à la bonne traduction.*

a. baguette	brioche (currant bun)
b. brioche (- aux raisins)	wholemeal bread
c. pain brun / blanc	rye-bread
d. pain complet	bran loaf
e. pain de seigle	brown / white bread
f. pain de son	(raisin) bread rolls / buns
g. pain aux céréales	"baguette " (French bread)
h. petits pains (aux raisins)	cereal bread

YOU SCHOULD ALSO KNOW...

croûte de pain	bread crust
miche de pain	bread loaf
mie de pain	fresh breadcrumbs (soft part of the bread)
pain en tranches (tranche)	sliced bread (slice)
pain frais / rassis	fresh, freshly baked bread / stale bread
biscotte	"biscotte" (continental toast)

2. Let's brunch! *" Brunchons ! "*

a. Which two meals are hiding in the word " brunch " ?
Quels deux repas se cachent dans le mot " brunch " ?

b. What do you have for brunch?
Que prends-tu pour le brunch ?

c. When do you have a brunch?
A quel moment prend-t-on un brunch ?

3. What do you need to make some: *De quoi as-tu besoin pour faire du :*

a. coffee?
b. tea?
c. hot chocolate?

Name at least three things each time.
Nommе au moins trois choses à chaque fois.

AND YOU?

- At what time do you have breakfast? (Help page 50)
  À quelle heure prends-tu ton petit déjeuner ?
- Do you have coffee? with milk? sugar?
- Do you have tea? with milk? lemon? sugar ?
- Do you have another drink ? (another : un(e) autre)
- What's your favourite bread? (favourite : préféré)
- Do you have eggs? How do you like them cooked?

MAIN COURSE

DIALOGUE

WHAT ARE YOU DOING?

Chef: Is breakfast for room 23 ready?
Commis Chef: I'm preparing it.
Chef: What are you going to put on this beautiful yellow tray?
Commis Chef: I'm going to put cups, saucers and spoons... They're having white coffee and tea with lemon, I think.
Chef: Here, we bought new tea-bags yesterday.
Commis Chef: Oh yes, I know the brand! Really good tea! Much better than the one we have!
Chef: And they brought in all sorts of bread loaves and rolls this morning.
Commis Chef: Don't you think people prefer warm croissants?
Chef: Yes, but you know... they all say eating wholemeal bread in the morning is healthier...
Commis Chef: So what should I put in my bread basket?
Chef: A bit of everything! That's the most healthy!
Commis Chef: Right. And here's the strawberry jam, the honey and the marmelade. Now what's missing?
Chef: The butter dish and the sugar bowl.
Commis Chef: Hum, yes.
Chef: The kettle's boiling!
Commis Chef: I just need to pour the water into the coffee pot and into the tea-pot, and everything's ready.
Chef: Fine, we'll ask Angela to take the tray.

DO YOU UNDERSTAND THE DIALOGUE?

1. Choose the right answer! *Choisis la bonne réponse !*

1. The dialogue takes place in:
   a. a restaurant
   b. a hotel
   c. a bar

How do you know? *Comment le sais-tu?*

2. What does " a new brand of tea " mean?
   a. it is another tea
   b. it is the name of lemon tea
   c. it is a good tea
3. What does the cook put in the bread basket?
   a. cold croissants
   b. wholemeal bread and croissants
   c. different types of bread, rolls and warm croissants
4. What is missing on the tray?
   a. the cups and saucers
   b. the tea-bags and some lemon
   c. the butter dish and the sugar bowl
   d. none of these things

HELP !

take place	*se passer / se dérouler*
mean	*vouloir dire*
another	*un(e) autre*
missing	*manquant*
none	*aucun(e)*
things	*choses*

YOUR TURN!

À TON TOUR !

2. a. Say what you usually serve for breakfast in your restaurant.
Dis ce que tu sers habituellement dans ton restaurant pour le petit déjeuner.

Describe what you put on your tray. *Décris ce que tu mets sur ton plateau.*
Ex : We / I put / serve ...

b. Then, ask your neighbour what he / she serves in his / her restaurant.
Puis, demande à ton / ta voisin(e) ce qu'il / elle sert dans son restaurant.

Ex : What do you serve for breakfast? *Do you serve ... ?*

THE LANGUAGE

Aide page 117

Adjectives

Discover

a. What are you going to put on this beautiful yellow tray?
b. We bought new tea-bags.

1. Repère les adjectifs dans les deux phrases.
2. Quelle est leur place dans la phrase ?
3. Dans la phrase b., l'adjectif s'accorde-t-il avec le nom ?
4. Te souviens-tu des 2 particularités de l'adjectif anglais ?

Have a go!

5. Quels sont les autres adjectifs qui se trouvent dans le dialogue ?
6. Entraîne-toi dans ton Activity Book.

Aide page 118

Comparative and superlative forms

Discover

Tu as dû trouver dans le dialogue des adjectifs qui étaient différents des autres...
Regarde bien ces phrases :

a. Much better than the one we had!
b. That's the most healthy! (/ the healthiest!)

1. Repère le comparatif. Donne sa forme superlative.
2. Repère le superlatif. Donne sa forme comparative.
3. Comment forme-t-on le comparatif ?
4. Comment forme-t-on le superlatif ?
5. Traduis ces phrases !

Have a go!

6. Il reste un comparatif dans le dialogue. Trouve-le !
7. A l'aide des verbes ci-dessous et des adjectifs du cuisinier page 117, rédige 5 phrases courtes, en employant le comparatif ou le superlatif.

10 VERBS TO SWALLOW ! or verbal expressions — ***10 VERBES À AVALER !*** *ou expressions verbales*

1. be ready	*être prêt*	6. bring (prétérit : brought)	*apporter*
2. put (prétérit : put)	*mettre*	7. eat (prétérit : ate)	*manger*
3. have	*avoir / ou sens de " prendre "*	8. be missing	*manquer*
4 buy (prétérit : bought)	*acheter*	9. boil	*bouillir*
5. know (prétérit : knew)	*savoir / connaître*	10. pour	*verser*

DESSERT

REMEMBER THE WORDS?

1. Find the right second half of the words!
Trouve la bonne deuxième moitié des mots !

1. egg	extractor
2. juice	strainer
3. bread	bags
4. butter	powder
5. cocoa	dish
6. sugar	jug
7. tea	pot
8. milk	basket
9. coffee	bowl
10. tea	cup

2. Complete the words. *Complète les mots.*

Attention : il peut y avoir une ou plusieurs lettres dans les espaces.

1. m...rm...l...de
2. br...d b...k...t
3. ...gg t...m...r
4. te...pot
5. n...pk...n
6. t...st...r
7. sp...n
8. b...wl

3. What do you use to put these things in:
Qu'utilises-tu pour mettre ces éléments :

1. milk?
2. sugar lumps?
3. tea ?
4. coffee?
5. bread and rolls?
6. butter?
7. a hard-boiled egg?

REMEMBER THE EXPRESSIONS?

4. The sentences of the following dialogue have been mixed up. Put them back in the right order, and say who is saying what.
Les phrases du dialogue suivant ont été mélangées. Remets-les dans l'ordre, et dis qui dit quoi.

1. All right.
2. What are the customers drinking?
3. No, they want toast.
4. Just butter.
5. They are having fresh orange juice and some tea.
6. With lemon or with milk?
7. Do they want jam or honey on their toast?
8. Here's the sugar bowl. Do they want cereal?
9. They are having it with lemon and sugar.

5. Translate the dialogue in exercise 4 page 48.
Traduis le dialogue de l'exercice 4 page 48.

UNDERSTAND?

6. Learn to listen! *Apprends à écouter!*

1. Listen to the recording :"What are they having for breakfast?"
   Écoute l'enregistrement : "Que prennent-ils pour le petit déjeuner?".
2. Listen again, and look for names of drinks.
   Écoute à nouveau, et repère les noms de boissons.
3. Listen a third time, and answer the questions in your Activity Book.
   Écoute une troisième fois et réponds aux questions dans ton Activity Book.

HELP !
Voir les boissons non alcoolisées, page 134 de ton livre.

EXPRESS!

7. A breakfast table. *Une table de petit déjeuner.*

a. Describe this breakfast table! *Décris cette table de petit déjeuner !*
b. Find the seven mistakes... *Trouve les sept erreurs...*

8. Explain how you make coffee or tea.
Explique comment tu fais du café ou du thé.

9. What do you have for breakfast when you are late?
Que prends-tu pour le petit déjeuner lorsque tu es en retard?

10. What is a " Continental breakfast "?
Qu'est-ce qu'un petit déjeuner continental?

11. What's your favourite breakfast? *Quel est ton petit déjeuner préféré?*

AND ELSEWHERE?

WHAT IS SHE DOING? ***Que fait-elle ?*** **Say what time it is.** *Dis l'heure qu'il est.*

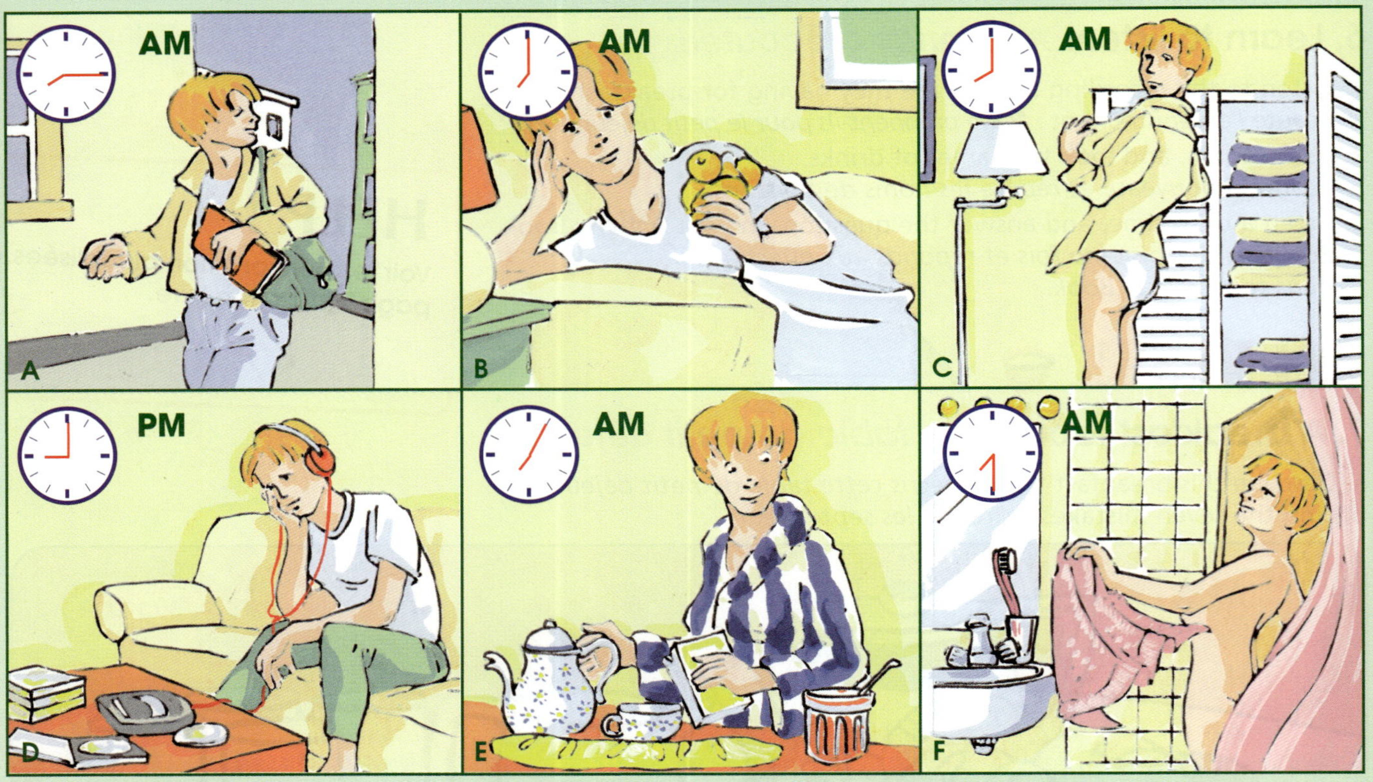

1. She's getting up.
2. She's listening to music.
3. She's going to work.
4. She's brushing her teeth and having a shower.
5. She's getting dressed.
6. She's having breakfast.

(Voir forme présent en BE+ING page 124)

HELP!

What time is it?

Quelle heure est-il ?

it's...	*il est...*
midday / noon	*midi*
midnight	*minuit*
AM (ante meridiem)	*matin*
PM (poste meridiem)	*après-midi / soir*

More Time vocabulary in your Activity Book.

English time:

YOUR TURN!

À TON TOUR !

1. *Quelle est la différence entre les façons anglaise et américaine de dire l'heure ?*
2. *Les anglais disent-ils d'abord les heures ou les minutes ?*
3. *Comment dis-tu une heure pile ? (Ex : il est 5 heures).*
4. *Quand utilise-t-on TO ? Quand utilise-t-on PAST ?*
5. *Entraine-toi à dire l'heure en anglais. Voir Activity Book.*

AND YOU?

What time do you:

- get up?
- have breakfast? have lunch?
- start school?
- finish work at your restaurant?
- go to bed?

WHAT'S THE MATTER?

QU'EST CE QU'IL Y A ?

1. Which part of his body is he talking about?

De quelle partie de son corps parle-t-il ?

1. I've got a headache!
2. I've got toothache!
3. I've got an earache!
4. I knocked* my elbow.
5. I twisted* my right arm.
6. I've got stomachache!
7. I'm having my hair cut.
8. My eyes sting*.
9. I think I've broken my leg!
10. I've got a pain* in the chest!
11. My nose is stuffed up!
12. I've bit(ten) my tongue!
13. I scratched my knee! I'm bleeding!
14. I have spots on my face, especially on my chin.
15. You trod* on my toes with your big feet!
16. I'm too fat around the waist.
17. My fingers are cold!
18. I've got a sore throat!
19. I have a pain in my neck!
20. I burnt my left hand.
21. I've got an ulcer in my mouth.
22. I have a swollen cheek.
23. I sprained* my ankle.
24. My wrist hurts.
25. My shoulder is okay.

*knock (prétérit : knocked) : ici "cogner"
*twist (prétérit : twisted) : tordre
*sting : piquer
*have (got) a pain : avoir mal
*tread (prétérit : trod) : marcher sur
*sprain (prétérit : sprained) : se fouler

2. Find the meaning of the words with the help of the sentences above.

Trouve le sens des mots en t'aidant des phrases ci-dessus. *(Exercice dans ton Activity Book.)*

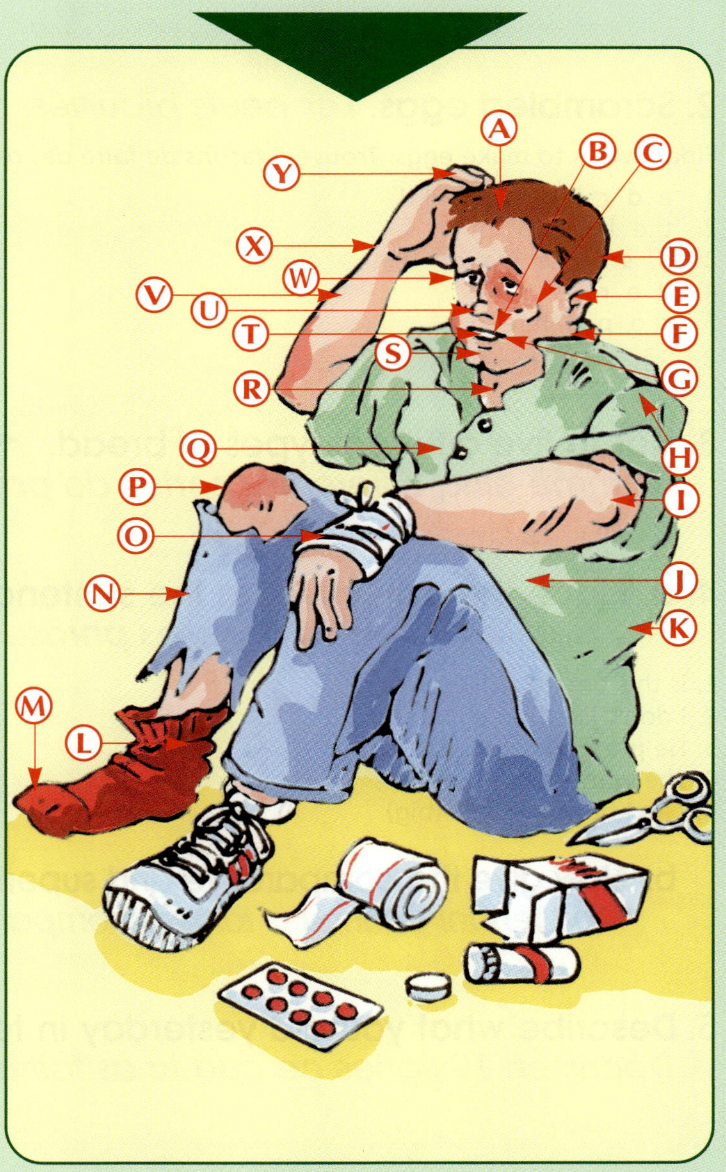

3. Now, list the names of the parts of the body, and guess their translations.

Maintenant liste les noms des parties du corps, et devine leur traduction.

4. Who is optimistic? Who is pessimistic?

1. I'm really happy!
2. I'm sad.
3. I'm depressed.
4. I envy you!
5. Why me?
6. Great! I managed it! / I made it!
7. Beautiful day, hey?
8. Wrong again...
9. English is too difficult.
10. Will it be good?

5. The nouns and their plural.

Les noms et leur pluriel.

(Exercice dans ton Activity Book.)

TEST YOURSELF

1 a. Ask me if ... *Demande-moi si ...* (10 points)

1. je veux du thé ou du café.
2. je prends du sucre dans mon café.
3. je veux du citron ou du lait dans mon thé.
4. je préfère les œufs brouillés, à la coque, ou sur le plat.
5. je veux mon œuf dur ou mollet.
6. je mange de la baguette, du pain complet, ou des petits pains aux raisins.
7. je préfère du miel ou de la confiture de fraises.
8. j'aime les céréales cuites.
9. je préfère une tasse ou un bol.
10. j'aime le petit déjeuner.

HELP !

Do you want
take
prefer
eat
like ...

or — *ou*

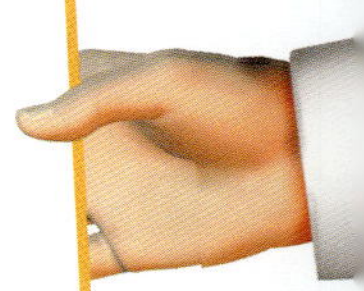

b. Now, imagine you are asking the same questions about a client. (10 points)

Maintenant imagine que tu poses les mêmes questions au sujet d'une cliente.

Ex: Does she want... etc. *(Reprends les 10 questions ci-dessus.)*

2. Scrambled eggs. *Les oeufs brouillés.* (5 points)

Find 5 ways to make eggs: *Trouve 5 façons de faire des œufs :*

1. e d r i b a h o l d
2. t e l e t o m e
3. b s c r e l a m d
4. d e r i f
5. c o p a h e d

3. Name five different types of bread. (5 points)

Nomme cinq différentes sortes de pain.

4. a. Place the adjectives in the sentences. (5 points)

Place les adjectifs dans les phrases.

1. Is this bread? (fresh)
2. I don't like bread. (white)
3. He prefers coffee. (strong)
4. She wants a tea. (weak)
5. Can I have a bowl? (big)

b. Now give the comparative and superlative forms of the sentences. (5 points)

Maintenant donne les formes comparative et superlative des phrases.

5. Describe what you did yesterday in ten lines. (10 points)

Décris en 10 lignes ce que tu as fait hier.

5 Salads

Salads

ACTIVITY

Which salad is it?
Quelle salade est-ce ?
What are the ingredients?
Quels sont les ingrédients ?

STARTERS

WORDS

Vegetables *Les légumes*

1. Give their names in English! *Donne leurs noms en anglais !*
(Use your glossary!)

EXPRESSIONS

2. Read this salad recipe and give it a name.
Lis cette recette de salade, et donne-lui un nom.

Ingredients:
3 avocados / 1 cucumber / a lettuce heart / prawns
a few walnuts
some semi-hard cheese
For the salad dressing: fresh lemon juice / 2 yogurts / a few sprigs of parsley / a few basil leaves or some chives / salt & pepper

What you do:
Peel and slice the cucumber.
Leave it to sweat with cooking salt.
Peel and dice the avocados.
Shell the prawns.
Prepare the lettuce heart.
Cut the cheese into small cubes.
Put the sauce ingredients into a salad bowl.
Chop the parsley, basil or chives finely.

Put all the ingredients into the salad bowl.
Mix the salad.

Ingrédients :
3 avocats / 1 concombre / 1 cœur de laitue / des crevettes roses bouquet
quelques noix
du fromage à pâte mi-dure
Pour la sauce de la salade : du jus de citron pressé / 2 yaourts / quelques brins de persil / quelques feuilles de basilic ou bien de la ciboulette / du sel et du poivre.

Ce que vous faîtes :
Éplucher et couper le concombre en rondelles.
Laissez-le dégorger avec du gros sel.
Éplucher et couper les avocats en dés.
Décortiquer les crevettes.
Préparer le cœur de laitue.
Couper le fromage en petits cubes.
Mettre les ingrédients de la sauce dans un saladier.
Couper finement le persil, le basilic ou la ciboulette.
Mettre tous les ingrédients dans le saladier.
Retourner la salade.

YOUR TURN!

À TON TOUR !

3. Which vegetables (on the photograph) can you put in a salad?
Quels légumes (sur la photo) peux-tu mettre dans une salade?

4. Which other vegetables and spices can you put in a salad?
Quels autres légumes et épices peux-tu mettre dans une salade?

Use your glossary pages 137 to 141.
Utilise ton lexique pages 137 à 141.

5. So, how's your salad? *Alors, elle est bonne cette salade ?*

Link the adjectives to the correct translations!
Relie les adjectifs à leur bonne traduction !

1. good	correcte
2. all right	croustillante
3. crunchy	délicieuse
4. crispy	poivrée
5. delicious	sucrée
6. disgusting	savoureuse
7. excellent	filandreuse
8. stringy (beans)	écœurante
9. bad	salée
10. peppery	bonne
11. salty	mauvaise
12. tasty / flavoursome	excellente
13. sweet	croquante

6. Find the translation of the following spices.
Trouve la traduction des épices suivantes.

Use your glossary pages 140 & 141.

1. coriander
2. parsley
3. hot red pepper
4. liquorice
5. chives
6. oregano
7. rosemary
8. savory
9. saffron
10. chervil

7. List 5 ingredients with which you can make a salad sauce.
Liste 5 ingrédients avec lesquels tu peux faire une sauce de salade.

Use your glossary! Pages 141 and 142.

8. Invent an original salad.
Invente une salade originale.

List the ingredients, and say how you make it. *Liste les ingrédients, et dis comment il faut la faire.*

MAIN COURSE

DIALOGUE

DID YOU CHECK THE SEASONING?

The Chef: Today, I'm going to show you how to make a French Mediterranean salad.
Can you take out a big salad bowl, please?

Commis Chef: What are we going to put in it?

The Chef: You'll see! Get me some tomatoes, five big ones, two green peppers, an onion and a cucumber.

Commis Chef: Here, I've got everything. Do we have to cook these vegetables?

The Chef: Of course not! Salads are usually made with raw vegetables!
We're going to slice them.
And you over there, can you get me some tinned anchovies, 150 grams of tuna fish and a few olives, please?

The other Chef: Here are some green olives.

The Chef: I wanted some black ones. Can you also boil some water for three hard-boiled eggs?

Commis Chef: I've finished cutting the vegetables. What do I do now?

The Chef: Put them all in the salad bowl. Add the tuna fish and a clove of garlic.

Commis Chef: I've finished!

The Chef: No, you haven't! You must now decorate the salad with the anchovies, the olives and the sliced eggs.

Commis Chef: Like this?

The Chef: Yes.

Commis Chef: I've finished!

The Chef: No, you haven't! What about the dressing?

Commis Chef: What did you say? The dressing? Oh dear, I forgot about the dressing.
Six tablespoons of olive oil, just a few drops of vinegar, some basil...
I've finished!

The Chef: No, you haven't. You forgot the salt and pepper, the salad servers...
And did you check the seasoning?

DO YOU UNDERSTAND THE DIALOGUE?

1. Answer the following questions. *Réponds aux questions suivantes.*

1. What are the Chefs preparing?
2. Do you usually put raw vegetables or cooked vegetables in a salad?
3. List all the ingredients which are needed for this salad.
4. What does the Commis Chef have to do with the vegetables?
5. How are the eggs cooked?
6. Do they need green or black olives?
7. What are they decorating the salad with?
8. What are they putting in the salad dressing?
9. What did the Commis Chef forget to put in the salad dressing?
10. Do you sometimes make French Mediterranean salad?

2. Give at least three reasons which show that the Commis Chef is new.

Donne au moins trois raisons qui montrent que le commis cuisinier est nouveau.

YOUR TURN!
À TON TOUR !

3. **Do you make French Mediterranean salad in the same way?**
   Fais-tu la salade Niçoise de la même façon ?
   If not, explain what you do differently.
   Si ce n'est pas le cas, explique ce que tu fais différemment.
4. **Which is your favourite salad? Write the recipe in your Activity Book.**
   Quelle est ta recette de salade préférée ? Écris la recette dans ton Activity Book.

THE LANGUAGE

Aide page 124

The simple past (Le prétérit)

Discover

a. I wanted some black ones. b. I forgot about the dressing.

1. Repère les verbes dans les deux phrases.
2. Lequel est régulier ? Lequel est irrégulier ? Comment le sais-tu ?
3. Donne la forme négative puis interrogative de ces phrases.
4. Quel petit mot as-tu utilisé ?

Have a go!

Quel est le prétérit des 10 verbes à avaler ci-dessous?

Aide page 118

Adverbs

Discover

Salads are usually made with raw vegetables.

1. Repère l'adverbe. Comment le reconnais-tu ?
2. Quelle est sa place dans la phrase ?

Have a go!

1. Transforme les adjectifs suivants en adverbes :
kind - different - new - soft - great
2. Traduis-les.

Aide page 125

Can / Must

Discover

a. You can take out a big salad bowl. b. You must take out a big salad bowl.

1. Dans quelle phrase parle t-on "d'obligation"?
2. Quel est le sens de l'autre phrase ?

Have a go!

Rédige trois phrases avec CAN et trois phrases avec MUST en employant les verbes ci-dessous.

10 VERBS TO SWALLOW ! or verbal expressions — ***10 VERBES À AVALER !*** *ou expressions verbales*

1. show	*montrer*	6. slice	*couper en tranches*
2. make	*faire*	7. finish	*terminer*
3. take out	*sortir*	8. decorate	*décorer*
4. get	*aller chercher*	9. say	*dire*
5. cook	*cuisiner / faire cuire*	10. check	*vérifier*

DESSERT

REMEMBER THE VEGETABLES?

1. Give the French translation of the following vegetables:
Donne la traduction française des légumes suivants :

1. leek
2. cauliflower
3. spinach
4. artichoke
5. green bean
6. asparagus
7. turnip
8. fennel
9. avocado
10. pea

Now, put them in the plural form.
Maintenant, mets-les au pluriel.

2. Translate these vegetable names into English.
Traduis ces noms de légumes en anglais.

1. brocoli
2. aubergine
3. carotte
4. salade
5. radis
6. courgette
7. tomates
8. lentilles
9. céleri
10. pommes de terre

- Were the words difficult to translate? Why?
  Ces mots étaient-ils difficiles à traduire ? Pourquoi ?
- Say what is different (or not) between the English and the French spelling.
  Dis ce qui est différent (ou pas) entre l'orthographe anglaise et l'orthographe française.
- *Entraîne-toi à les prononcer en anglais !*

3. Do you remember these " salad musts "?
Te souviens-tu de ces "musts" de la salade?

4. What can you do with…
Que peux-tu faire avec…

HELP ! Pages 128 to 132.

(Link the nouns to the appropriate sentence. *Relie les noms à la phrase qui correspond.)*

1. cucumbers	a. You can slice them.
2. prawns	b. You can peel them.
3. avocadoes	c. You can pod them.
4. parsley	d. You can clean them out.
5. tomatoes	e. You can dice them.
6. potatoes	f. You can wash it.
7. peas	g. You can grate / shred them.
8. aubergines	h. You can shell them.
9. carrots	i. You can chop it.
10. salad	j. You can leave them to sweat.

DO YOU UNDERSTAND?

LISTEN!

5. Listen to the recording and say which salad is described.
Écoute l'enregistrement et dis quelle salade est décrite.

EXPRESS!

6. Which salad(s) can you make with the following ingredients?
Quelle(s) salade(s) peux-tu faire avec les ingrédients suivants ?

AND ELSEWHERE?

WHERE CAN WE HAVE A DRINK?

OÙ PEUT-ON PRENDRE UN VERRE ?

1. Where do you:

drink a beer? / sip* an ice cold Coke? / have an orange juice after your swim? / have a lemon tea served for breakfast in your room? / have a wobbly* glass of wine? / have a coffee to wake up?

*sip : siroter
*wobbly : tremblotant

Make 6 full answers. *Fais 6 réponses complètes.*

1. At the hotel?
2. In a pub?
3. By the pool?
4. At the bar on the beach? (on a warm day)
5. At the motel?
6. On a barge restaurant?

WHERE CAN WE SPEND THE NIGHT?

OÙ PEUT-ON PASSER LA NUIT ?

2a. According to your means... *Selon vos moyens...*

	If you have money.	If you're broke.
1. In a palace.		
2. In a youth hostel.		
3. In a guesthouse.		
4. In a luxury hotel suite.		
5. In a four-star hotel.		
6. In a cheap hotel.		
7. In a first class hotel.		
8. In a small family hotel.		
9. In a club hotel.		
10. In a bed and breakfast.		

b. According to how many you are. ***Selon le nombre que vous êtes.***

Where can you sleep if you are: *Où pouvez-vous dormir si vous êtes :*

1. a couple?
2. alone?
3. a baby?
4. a large family?
5. with your brother and sister?

a. in a child's bed.
b. in connecting rooms.
c. in a double room.
d. in a triple-bedded room.
e. in a single room.

3. Do you know how to get there? ***Est-ce que tu sais comment y aller ?***

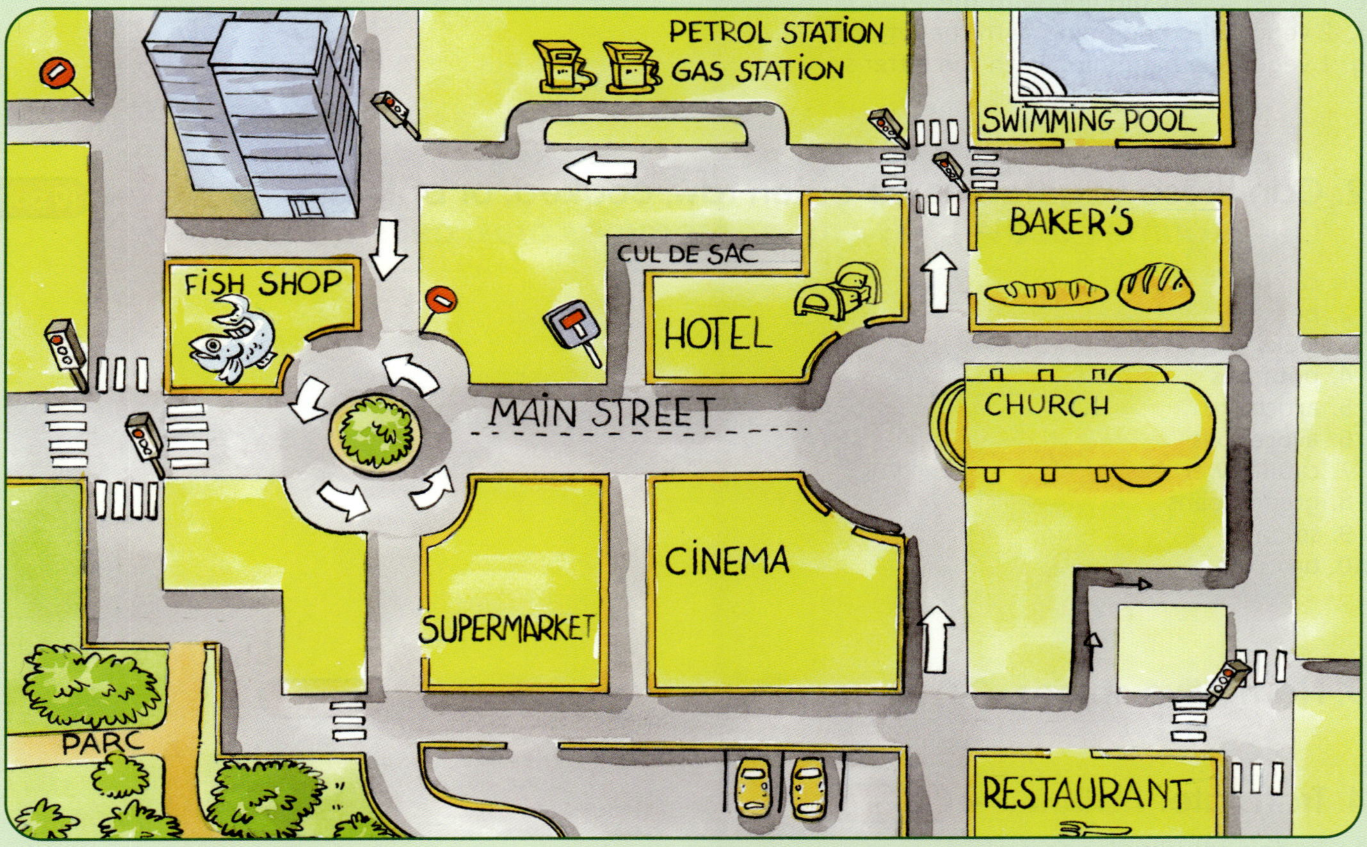

Follow the instructions, where do you find yourself?
Suis les indications, où te retrouves-tu ?

When you come out of the fish shop, take the roundabout, and turn off into Main Street. You will go past a supermarket and a cinema on your right. Take the second on the left, the first is a cul-de-sac. Go straight on until you reach a crossing with traffic lights. Turn left again into the one way street, go straight on. The place where you're going is on the right just before the traffic lights.

HELP!

turn right / left	*tourner à droite / gauche*
go past	*passer devant*
go straight on	*aller tout droit*
reach	*arriver à*
traffic lights	*feux*
come out	*sortir*
before	*avant*

4. Find all the words linked to the highway code and deduce their meaning.
Repère tous les mots liés au code de la route et déduis-en leur signification.

AND YOU?

Now, write the instructions to reach a place of your choice.
Maintenant, rédige les instructions pour arriver à un endroit de ton choix.

TEST YOURSELF

1. Name: *Nomme :* 10 points

a. 2 vegetables beginning with the letter a.
b. 1 vegetable beginning with the letter b.
c. 2 vegetables beginning with the letter c.
d. 1 vegetable beginning with the letter f.
e. 1 vegetable beginning with the letter l.
f. 2 vegetables beginning with the letter p.
g. 1 vegetable beginning with the letter s.

2. Can these vegetables be eaten raw, cooked, or both? 10 points
Ces légumes peuvent-ils être consommés crus, cuits, ou les deux ?

1. carrots
2. peas
3. leeks
4. potatoes
5. artichoke
6. avocadoes
7. cauliflower
8. green beans
9. spinach
10. broccoli

3. Name five spices. *Donne le nom de cinq épices.* 5 points

4. Translate. *Traduis.* 5 points

1. Tu dois éplucher les pommes de terre.
2. Je voulais des olives noires.
3. Il faut couper les oignons (en tranches).
4. Peux-tu laver la salade ?
5. Vérifie l'assaisonnement !

5. Are the verbs in the following sentences regular or irregular verbs? 5 points
Les verbes dans les phrases suivantes sont-ils des verbes réguliers ou irréguliers ?

1. I took out a salad bowl.
2. She sliced the aubergines.
3. They didn't peel the cucumbers.
4. He chopped the herbs.
5. They ate the salad.

6. On the drawing, page 61, follow these instructions: 5 points
Sur le dessin, page 61, suis ces instructions :

You are at the supermarket. Go out of the supermarket, turn right towards the roundabout, and right again into Main street. Then take the second on the left. It's just there on the right. Where do you find yourself?

6 Meats

ACTIVITY

Which is your favourite meat dish?
Quel est ton plat de viande préféré ?

STARTERS

WORDS and EXPRESSIONS

HEAT / OVEN TEMPERATURES *Les températures feux / fours*

les feux / les plaques	**the heat / rings**
cuire - à feu vif	cook - over a high (/fierce) heat
- à feu moyen	- over a moderate heat
- à feu doux	- over low heat
le four	**the oven**
- très chaud / chaud / assez chaud	- very hot / hot / fairly hot
- moyen	- moderate
- doux / très doux	- low / very low

PREPARING MEAT / POULTRY *La préparation de la viande / volaille*

découper	carve
- découper en morceaux	- cut into pieces
- découper un poulet / canard aux jointures	- joint a chicken / duck
dégraisser	remove (/ trim) the fat
dénerver	remove the nerves
désosser	bone (out)
larder	lard
mariner	marinate

COOKING THE MEAT *La cuisson des viandes*

braiser (mouillé à hauteur)	braise
bouillir	boil
cuire au four	bake
griller	grill / broil
cuire en sauce / ragoût (mouillé jusqu'en haut)	stew
faire cuire à la cocotte	pot roast
frire	deep fry / fry
pocher	poach
poêler	fry
rôtir	roast
sauter	shallow fry / "sauter"
arroser (le rôti)	baste (the roast)

MEAT CAN BE... *La viande peut être...*

crue	raw
bleue	very rare
saignante	rare / underdone
à point	medium (cooked)
bien cuite	well done / well cooked
Elle peut aussi :	It can also:
- avoir trop de graisse / être trop grasse	- have too much fat / be too fatty
- être tendre	- be tender
- être très dure (comme de la semelle !)	- be tough (as tough as old boots!)

YOUR TURN!

À TON TOUR !

1. Which translation for which meat? *Quelle traduction pour quelle viande ?*

1. turkey	jambon
2. ham	canard
3. veal cutlet	plat de côte
4. flat of rib	côtelette de veau
5. rib steak	lapin
6. rabbit	entrecôte
7. venison	pintade
8. sirloin steak	chevreuil
9. guinea-fowl	dinde
10. duck	faux-filet

2. Which verb concerning meat corresponds to each of the following definitions?

Quel verbe concernant la viande correspond à chacune des définitions suivantes?

1. You use a frying pan and some oil or butter to cook meat this way.
2. You use the oven to cook meat this way.
3. It is what you do when you don't want the meat (cooked in an oven) to be too dry.
4. It is a way of cooking meat which needs a lot of patience, it can take up to 5 hours!
5. It is what you do when you cut a chicken or a duck.
6. It is what you do when you leave the meat for some time in wine, for example.

3. Using the given verbs, say how can you cook :

A l'aide des verbes indiqués, dis comment tu peux cuire:

Ex : You can + verb + noun.

- a steak?	marinate
- beef in wine?	roast
- beef ribs?	braise
- roast?	fry
- leg of lamb?	grill

HELP!

this way	*de cette façon*
what you do	*ce que tu fais*
dry	*sec*
which	*qui /que*
a lot of	*beaucoup de*
take up to	*prendre jusqu'à*
some time	*un certain temps*

4. Which kitchen utensils do you need to:

De quels ustensiles de cuisine as-tu besoin pour :

grill / roast / fry / carve / marinate / braise / stew ?

HELP! page 24 & 25

AND YOU?

5. How do you like your meat cooked?

Comment aimes-tu la cuisson de ta viande ?

Ask your neighbour: *Demande à ton voisin / ta voisine:*

- how he / she likes his / her meat cooked.
  comment il / elle aime la cuisson de sa viande.
- which vegetables he / she likes to have.
  quels légumes il / elle aime prendre.

MAIN COURSE

DIALOGUE

PREPARING AND COOKING MEAT

The Chef: Could you please sharpen this knife for me?

Ian: Yes. What are we going to do with it?

The Chef: I'm going to show you how to prepare beef ribs.

Ian: The knife is ready.

The Chef: And where's the cutting board?

Ian: Right here. I've just cleaned it.

The Chef: Fine. Then look very carefully. You must prepare the meat by cutting it like this. Get it?

Ian: I think so.

The Chef: All right. Your turn. Hey! Be careful! You're going to cut your fingers if you hold the knife like that!

Ian: Should I hold it like this?

The Chef: Yes, that's better.

Ian: Are we going to grill them?

The Chef: Yes, but rare, don't forget! We have French customers in tonight! Oh, and Ian!

Ian: Yes?

The Chef: Could you also joint the duck and leave it to marinate so as to have everything ready by eight o'clock? And... can you also baste the roast?

Ian: Anything else?

DO YOU UNDERSTAND THE DIALOGUE?

1. One word in each of the following sentences is wrong. Find it!
Un mot dans chacune des phrases suivantes est faux. Trouve-le !

1. Ian has to sharpen two knives.
2. Ian has just cleaned the grill.
3. If Ian is not careful, he is going to cut his knife.
4. The Chef is showing Ian how to prepare the roast.
5. They have French cooks in tonight.

Now, replace them with the correct words. *Maintenant remplace-les par les mots justes.*

2. List 5 things Ian has to do. *Liste 5 choses qu'Ian doit faire.*

3. Why does the Chef say they have French customers in tonight?
Pour quelle raison le Chef dit-il qu'ils ont des clients français ce soir?

He says they have French customers in because...

4. List all the verbs from the dialogue related to the preparation of meat.
Liste tous les verbes du dialogue en rapport avec la préparation de la viande.

YOUR TURN!

À TON TOUR !

5. Write five true / false sentences on the dialogue. Say them to the class.
Écris cinq phrases vraies / fausses sur le dialogue. Dis-les à la classe.

6. Ask a partner: *Demande à une partenaire :*
- Do you often carve meat?
- Which meat did you prepare today or yesterday in your school restaurant?
- Which meats do you serve in your own restaurant at the moment?

7. Write the last meat recipe you made in the school kitchen.
Écris la dernière recette de viande que tu as faite dans la cuisine de ton école.

Use the kitchen verbs and your glossary.

THE LANGUAGE

Aide page 117

Revision of this / that

Rediscover

1. Repère les phrases qui comportent "this" ou "that" dans le dialogue.
2. Dans quelle phrase parle t-on d'un fait dont il s'agit pour la première fois ?
3. Quand emploie t-on " that " ?
4. Dis tout ce que tu sais sur " this " et " that ". Indique leurs formes au pluriel.

Have another go!

Traduis :
1. Peux-tu me donner ce couteau ? Non, pas celui-là !
2. Peux-tu préparer ces côtes de bœuf ? Celles-là sont pour demain.

Pas d'aide !

Should

Discover

You should hold the knife like this.
Compare avec la phrase : "You can hold the knife like that".
1. Dans quelle phrase donne t-on une simple indication ?
2. Dans quelle phrase conseille t-on fortement ?

Have a go!

Formule 5 conseils à l'attention de ton voisin / ta voisine, en employant les verbes ci-dessous.

10 VERBS TO SWALLOW! or verbal expressions — ***10 VERBES À AVALER !*** *ou expressions verbales*

1. clean	*nettoyer*	6. have customers in	*recevoir des clients*
2. look carefully	*regarder attentivement*	7. joint	*découper (canard, poulet)*
3. be careful	*faire attention*	8. leave	*laisser*
4. hold	*tenir*	9. marinate	*mariner*
5. grill	*griller*	10. baste	*arroser (un rôti)*

DESSERT

1. Name a meat you can:
Nomme une viande que tu peux :

Use your glossary pages 147 to 151.

1. joint
2. bone out
3. lard
4. marinate
5. bake
6. roast
7. fry
8. braise

2. How long do you cook… *Combien de temps faut-il pour cuire…*

The length of time for cooking meat depends on the weight of the meat.

a. a three pound pork roast cooked in a casserole?
b. a five pound chicken cooked in vegetable broth?
c. a seven pound Xmas turkey roast (cooked in the oven)?
d. eight braised quails (weighing one pound each)?

HELP!
See the time page 50, weights page 160, and glossary pages 158 to 160.

1 pound = 1 livre (453,6 g)

3. Read this recipe. *Lis cette recette.*

Cooking a " beef daube "

1. Leave the lean pieces of larded stewing beef to marinate overnight in red wine.
2. The next morning remove the meat from the red wine.
3. Let it brown in a casserole dish with butter, over a fierce heat.
4. Peel and slice a few carrots.
5. Slice an onion finely.
6. Cook the carrots and onions with garlic in a frying pan over a low heat.
7. Add them to the meat.
8. Also add two tablespoons of tomato purée and some chopped parsley.
9. Cover and cook for three hours (or one and a half hours) in a pressure-cooker.
10. Serve with potatoes.

HELP!

lean	*maigre*
overnight	*pendant une nuit*
next	*suivant*
brown	*roussir*

See the kitchen verbs pages 128 to 132.

a. Which verbs are used? Give their translations.
Quels verbes sont utilisés ? Donne leurs traductions.

b. Which ingredients are used?
Quels sont les ingrédients utilisés?

c. How much of each would you use for six people?
Quelle quantité de chaque utiliserais-tu pour six personnes ?

4. Translate: *Traduis :*

1. porc
2. mouton
3. bœuf
4. agneau
5. volaille
6. gibier
7. veau

5. Link each dish to the corresponding translation.
Relie chaque plat à la traduction qui correspond.

1. French veal stew
2. braised beef in wine
3. stewed beef with carrots
4. hare stew
5. veal escalope
6. Shepherd's pie
7. sautéed breast of duck
8. lamb / mutton stew
9. lamb shoulder
10. raw minced steak

a. steak tartare
b. escalope de veau
c. magret de canard
d. bœuf bourguignon
e. blanquette de veau
f. civet de lièvre
g. bœuf mode
h. navarin
i. épaule d'agneau
j. hachis Parmentier

EXPRESS!

6. Describe the pictures. *Décris les photos.*

1

2

3

AND ELSEWHERE?

FAMOUS PEOPLE

GENS CONNUS

1a. Who was / is:

a politician? a woman politician? / an American President? / a musician? / a painter? / a writer? / a playwright? / an aviator? / a composer? / an actor? / an actress? / a singer? / a First Lady? / a tennis player? / a film director and scenario-writer? / a sculptor?

Harrison Ford	Ernest Hemingway (1899-1961)	Franklin Roosevelt (1882-1945)
Pete Sampras	Alfred Hitchcock (1899-1980)	Tina Turner
Wassily Kandinsky (1866-1944)	Henri Matisse (1869-1954)	Jean-Jacques Goldman
John Kennedy (1917-1963)	Indira Gandhi (1917-1984)	Hillary Clinton
Graham Greene (1904-1991)	William Shakespeare (1564-1616)	Julia Roberts
Leonardo da Vinci (1452-1519)	Charles Lindbergh (1902-1974)	Johann Goethe (1749-1832)
Joan Miró (1893-1983)	John Constable (1776-1837)	Wolfgang Mozart (1756-1791)

1b. Who did what? *Qui a fait quoi ?*

(Use the simple past form when needed! *Utilise le prétérit lorsque tu en as besoin !) Aide page 124*

Ex : (write) "The tenth man". ‹ Graham Greene wrote "The tenth man."

1. (paint) "Mona Lisa".
2. (play) in many films, such as Indiana Jones, Star Wars... .
3. (cross) the Atlantic in a plane for the first time.
4. (write) "The old man and the sea".
5. (paint) the "Piano Lesson".
6. (compose) the "Magic Flute".
7. (film) "A woman vanishes", "The 39 steps", and many other suspense films.
8. (paint) many landscape paintings like the "Hay Wain".
9. (write) many plays such as "Romeo and Juliet" or "Macbeth".
10. (be) the wife of the American President.
11. (be) elected President of the United States in 1960.
12. (be) a surrealist Spanish painter, but also a sculptor.
13. (be) assassinated like her son.
14. (sing) with tremendous energy!
15. (sing) and (compose) a lot of music, as for the film Asterix.
16. (play) in "Pretty woman" and many other films.
17. (write) "Faust".
18. (be) a champion in his category.
19. (paint) many paintings with geometrical forms such as "Angular lines".
20. (be) President of the United States from 1933 to 1945, he (be) re-elected 3 times! In 1936, 1940 and 1944.

1c. Who was / is: *Qui était / est :*

English / British? American? Indian? Austrian? German? of Russian origin, but naturalized German, then French? French? Spanish? British then American ? Italian?

1d. What else do you know about their lives? *Que sais-tu d'autre sur leurs vies ?*

1e. Write 5 lines about a famous person you admire. Ask the class to guess who it is.
Ecris 5 lignes sur une personne que tu admires. Demande à la classe de deviner qui c'est.

FAMOUS PLACES

ENDROITS RÉPUTÉS

2a. Which drawing corresponds to: *Quel dessin correspond à / au(x) :*

a. Mount Everest?
b. the Louvre Museum?
c. the Nile?
d. Miami Beach?
e. the Parthenon?
f. Westminster Abbey?
g. the Niagara Falls?
h. Tower Bridge?
i. the Grand Canyon?

2b. Which is / are:

- in Arizona (USA)?
- in Florida (USA)?
- in Canada and the States?
- in France?
- in Egypt?
- between Nepal and Tibet?
- in England?
- in Greece?

HELP!

sail / go sailing	*naviguer / faire de la navigation*
walk	*marcher / se se promener*
shop	*faire les magasins*
get splashed	*se faire éclabousser*
addict	*" accro "*
flow	*couler*
landscape	*paysage*
sunbathe	*prendre un bain de soleil*
a church service	*un sevice religieux*
climb	*grimper*

2c. In which of these places can you: *Dans lequel de ces endroits peux-tu :*

- go sailing?
- get splashed with water?
- admire wonderful paintings?
- watch the River Thames flow?
- see an extraordinary red landscape?
- sunbathe?
- go to a church service?
- have a walk?
- climb very high?

2d. Have you been to these places? If not, which ones would you like to go to? Why?

Es-tu allé(e) à ces endroits ? Si ce n'est pas le cas, dans lesquels aimerais-tu aller ? Pourquoi ?

TEST YOURSELF

1. Which meat is which? *De quelle viande s'agit-il ?* — 5 points
The letters have been mixed up… *Les lettres ont été mélangées…*

1. n o t u t m
2. f e b e
3. m a l b
4. m e g a
5. l a v e

2. Complete the sentences with the following words. — 10 points
Complète les phrases avec les mots suivants.

carve - fingers - ribs - cut - braise - sharpen - prepare - veal - joints - careful

You need to … your knife if you want to be able to … the meat. Then, you must be … not to … your … .
In our restaurant, we often … beef …, duck or … roast. The Chef usually … the duck and I … the roast.

HELP!

be able to	*être capable de*
often	*souvent*

3. Which translation is missing? — 10 points
Quelle traduction manque ?

1. marrow
2. goose
3. scrag end of mutton
4. joint of beef
5. loin of lamb
6. roast leg of mutton
7. capon
8. calf's liver
9. beef rib
10. venison

foie de veau - chapon - collet de mouton - oie - côte de bœuf - moelle - rôti de bœuf - chevreuil - gigot d'agneau

4. List 10 verbs which can be used for meats. — 10 points
Liste 10 verbes qui peuvent être employés pour les viandes.

5. Translate: *Traduis :* — 5 points

La viande peut être : saignante / à point / bien cuite / tendre / dure.

6. Say what you know concerning: *Dis ce que tu sais concernant :* — 10 points

1. William Shakespeare
2. Wolfgang Mozart
3. The Tower Bridge
4. Alfred Hitchcock
5. Miami Beach
6. John Kennedy
7. Westminster Abbey
8. Charles Lindbergh
9. Hillary Clinton
10. Harrison Ford

7 Fish Fish Fish Fish

ACTIVITY

Describe everything you see!
Décris tout ce que tu vois !

STARTERS

WORDS

HOW DO YOU PREPARE FISH? *Comment prépare t-on le poisson?*

Vous l'écaillez.
Vous coupez les ouies / les nageoires / la queue.
Vous le videz.
Vous le rincez sous l'eau froide.
Vous enlevez la peau, si nécessaire.
Vous ouvrez le poisson en deux (suivant la recette).
Vous levez éventuellement des filets.
Vous le farinez ou ...le passez dans la chapelure.
Vous ne pouvez pas toujours enlever...
toutes les arêtes.

You scale it.
You cut off the gills / the fins / the tail.
You clean it (out).
You rinse it under cold water.
You remove the skin / You skin it, if necessary.
You slit the fish open (according to the recipe).
You can cut fillets.
You flour it or ... coat it with breadcrumbs.
You can't always remove ...
all the fish bones.

HOW DO YOU COOK FISH? *Comment cuisine t-on le poisson ?*

Vous pouvez :
- le pocher
- le cuire au court-bouillon
- le faire cuire à la vapeur
- le faire meunière (avec du beurre)
- le braiser
- le griller
- le paner
- le frire
- et le garnir avec...

You can:
- poach it
- cook it in a stock
- steam it
- cook it "meunière" style (with butter)
- braise it
- grill it
- cook it in breadcrumbs
- fry it
- and garnish it with...

YOUR TURN!

À TON TOUR !

1. Give the translation of these fish. *Donne la traduction de ces poisons.*

Use your glossary, pages 142 to 144.

1. lump-fish
2. sardine
3. tuna fish
4. gudgeon
5. bass
6. brill
7. eel
8. squid
9. John Dory
10. mackerel
11. moray
12. skate
13. dab
14. lamprey
15. whiting

2. Use your glossary (page 145) to describe the different parts of a fish.
Utilise ton lexique (page 145) pour décrire les différentes parties d'un poisson.

Ex: A fish has ...

3. How can fish be presented or cooked?
Comment le poisson peut-il être présenté ou cuisiné ?

Use your glossary! (p. 145 and 158 to 159).

Give five ways to present or cook fish. *Donne cinq façons de présenter ou cuisiner du poisson.*
Ex: You can + verb + ...

4. Which are fish, which are crustaceans and which are molluscs?
Lesquels sont des poissons, lesquels sont des crustacés et lesquels sont des mollusques?

clam - anchovy - mussels - lobster - conger eel - prawns - halibut - red mullet - sea bass - mackerel - perch - sea urchins - sole - plaice - ray - snail - salmon - herring - hake - sea bream - whiting - cod - scallops

5. Which is your favourite fish, crustacean or mollusc?
Quel est ton poisson, crustacé ou mollusque préféré ?

Ask your neighbour the same question. *Pose la même question à ton voisin / ta voisine.*

LISTEN!

6. Listen and tick the names of the fish you hear in your Activity Book.
Écoute et coche les noms de poisson que tu entends dans ton Activity Book.

7. Do you recognize the following fish?
Reconnais-tu les poissons suivants ?

A

B

C

D

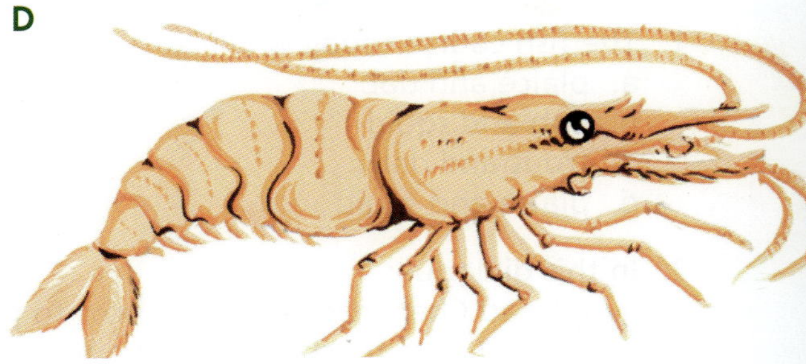

8. Say which ingredients the following dishes can include:
Dis quels ingrédients peuvent inclure les plats suivants :

- paella
- bouillabaisse
- crabes farcis
- escalope de saumon
- moules poulette
- merlans frits en colère
- darnes de colin pochées
- sole grillée

MAIN COURSE

DIALOGUE

DID YOU SAY "AU BLEU TROUT"?

The cook: What's the fish course today?

The Head cook: I wanted fresh plaice and squid, but there weren't any left at the market this morning.
I got some dab and trout instead.

The cook: Sounds good! I'll prepare the dabs.

The Head Chef: No, you're going to prepare the trout.

The cook: How do you want to do them?

The Head Chef: Boiled "au bleu" as the French say.

The cook: What's moving there?

The Head Chef: It's the trout!

The cook: Are they still alive?

The Head Chef: Of course! Didn't you know? When you cook them "au bleu" you have to hit them over the head, then quickly clean them, remove the gills and sprinkle them with vinegar.

The cook: Is that what gives them a blue colour?

The Head Chef: Yes, that's right. You throw them immediately into boiling water with carrots, onions and herbs.

The cook: I can't do that! I've never hit anybody over the head!
Oh oh - One has slipped out of my hand and is now hiding under the sink!

DO YOU UNDERSTAND THE DIALOGUE?

1. Choose the right answer. *Choisis la bonne réponse.*

1. The fish course today is:
   a. plaice and dab
   b. dab and squid
   c. trout and dab
   d. plaice and squid

2. In this dialogue:
   a. a Head Chef teaches a cook how to prepare "au bleu" trout,
   b. a Head Chef teaches a cook how to prepare squids,
   c. a Head Chef is saying which fish he is going to buy.

3. The cook wants to prepare:
   a. the trout,
   b. the dabs,
   c. the vegetables.

HELP!

the fact that	*le fait que*
be caught	*être attrapé(s)*

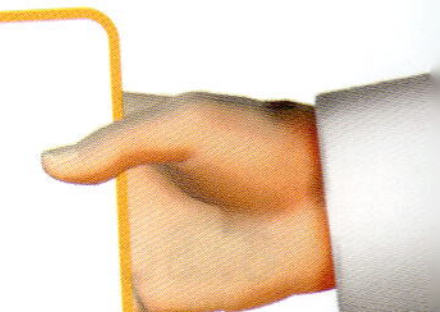

4. The blue colour of trout comes from:
   a. the variety of trout,
   b. the length of time the trout is cooked,
   c. the fact that they are hit over the head just before cooking,
   d. the time of the day at which they are caught.

YOUR TURN!

À TON TOUR !

2. Ask a partner:

Have you ever:
- gone fishing?
- prepared "au bleu" trout?

Which fish don't you like preparing?

Then report what your partner said.
He / She said that...

Use the present perfect (page 125) and adverbs (page 118).

3. Which fish do you most often prepare in your restaurant?

Quel poissons prépares-tu le plus souvent dans ton restaurant ?

THE LANGUAGE

Aide page 125

Present perfect

Discover

This fish has slipped out of my hand.

Repère la forme :
1. Quels mots composent la forme verbale ?
2. Que peux-tu dire sur chacun de ces mots ?

Repère le sens :
3. L'action décrite est-elle située dans le passé ?
4. Si on n'a pas employé le prétérit ici, c'est pour montrer que l'action (décrite par le " present perfect ") a une conséquence sur le présent. Quelle est cette conséquence ?

Have a go!

Pour traduire les phrases suivantes, utiliserais-tu le prétérit ou le " present perfect "?
1. J'ai bien mangé hier.
2. J'ai trop mangé, j'ai mal au ventre.

Aide page 115

Pronouns

Discover

a. How do you want to do them?

b. You throw them immediately into boiling water.

1. Repère les pronoms compléments dans chacune de ces phrases.
2. Que remplacent-ils?
3. Au singulier, quel pronom utiliserait-on?

Have a go!

Entraîne-toi dans ton Activity Book.

10 VERBS TO SWALLOW ! or verbal expressions — *10 VERBES À AVALER ! ou expressions verbales*

1. be alive	*être vivant*	6. give	*donner*
2. have to	*devoir*	7. throw	*jeter*
3. hit	*donner un coup*	8. can	*pouvoir (auxiliaire)*
4. remove	*enlever*	9. slip	*glisser*
5. sprinkle	*saupoudrer / ici : arroser*	10. hide	*(se) cacher*

DESSERT

DO YOU REMEMBER THE EXPRESSIONS?

LISTEN!

1. What are they doing? *Que font-ils / elles ?*

Listen to the recording, and say which drawing corresponds to what you hear.
Écoute l'enregistrement, et dis quel dessin correspond à ce que tu entends.

2. Look at this recipe. *Regarde cette recette.*

Baked red mullet with fennel

Method:

1. Clean out and wash the mullet.
2. Dry it with kitchen paper towels.
3. Place it on three sliced fennels, in an ovenproof dish.
4. Season with salt and pepper.
5. Add the juice of two lemons, a cup of white cooking wine and four tablespoons of olive oil.
6. Put in a hot oven for about half an hour.
7. Serve with rice or boiled potatoes sprinkled with parsley.

a. Which ingredients are used? *Quels ingrédients sont utilisés?*
b. List all the verbs. *Liste tous les verbes.*
c. Translate the recipe. *Traduis la recette.*

3. Do you remember the fish ? *Te souviens-tu des poissons?*

Find the ten names of fish hidden in this grid. Retrouve les dix noms de poissons cachés dans ce tableau.
The words can also be diagonal and backwards.

In English:

R	Y	V	E	I	O	S	N	L	O
L	O	H	A	O	Y	O	T	O	P
Q	L	A	R	U	S	E	R	B	I
Y	U	K	S	V	T	D	O	S	K
C	T	E	N	A	E	Y	O	T	E
D	R	E	N	N	R	R	B	E	U
A	O	A	O	D	A	D	R	R	S
B	U	S	B	R	J	E	I	S	E
T	T	N	E	E	M	U	L	N	D
H	E	R	R	I	N	G	L	A	E

Now, find their French translations:

C	A	I	E	S	T	T	S	D	M
O	S	A	I	R	E	H	L	R	S
L	U	G	U	H	T	U	N	A	A
I	R	I	C	C	M	I	E	M	R
N	T	O	E	R	E	T	D	O	D
E	R	J	T	A	P	R	N	H	I
B	B	A	R	B	U	E	A	J	N
V	U	S	O	E	T	A	M	H	E
G	O	U	J	O	N	Z	I	V	E
H	A	R	E	N	G	I	L	O	L

EXPRESS!

4. Describe these dishes. *Décris ces plats.*

5. Write the recipe for one of them (or another fish recipe of your choice). *Rédige la recette de l'un d'eux (ou d'un autre plat de poisson de ton choix).*

AND ELSEWHERE?

MEANS OF TRANSPORT

MOYENS DE TRANSPORT

1a. Have you ever been ... *Es-tu déjà allé(e) ...*

- on a plane?
- on the Orient Express?
- on an hovercraft?
- on a boat? / aboard a ship?
- on rollerskates?
- on a rocket?
- on the Eurostar?
- on the London tube?
- on a double-decker bus?
- on a sailing boat?
- on skis?
- on a surf board? (snow or water board?)

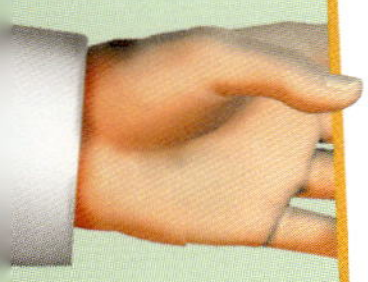

HELP!

Have you ever been...? *Es-tu déjà allé(e)... ?*
- **Yes, I have (been ...)** *Oui, (je suis allé(e)...)*
- **No, I haven't (been ...) /** *Non, (je ne suis pas allé(e)...) /*
  No, I have never been ... *Non, je ne suis jamais allé(e) ...*

Voir le " present perfect " page 125

b. Which ones are you afraid of?
Lesquels te font peur ?

c. Which: *Lesquels :*

sail? - roll? - fly? - slide? - run? - go fast? - go slow?

2. Read! *Lis !*

I have just had the worst experience of my life. Just imagine: here I am, sitting on a bench in Hyde Park, and what have I just done?
I have forgotten my bag somewhere in the tube!
"What have you done! You silly nitwit!" I just can't believe it:
I had just won two return tickets to Tahiti, and now they're lost in the London tube!

Present and past perfect *Aide pages 125 et 126*

1. *Quels verbes (dans le texte de l'exercice 2) sont au "present perfect" ?*
2. *A quel moment se situent les actions décrites par cette forme verbale ?*
3. *Quel verbe est au "past perfect" ?*
4. *A quel moment se situe l'action décrite par le "past perfect", par rapport à celles décrites par le "present perfect" ?*

HAVE A GO!

Rédige une anecdote, ok le récit d'une expérience personnelle en utilisant le "present perfect" et / ou le "past perfect".

3. Let's take the London tube to find Sue's bag!

Sue is in Hyde Park. She wants to go back to the tube stations where she might have lost her bag. Help her by telling her how she can get to:

Sue est à Hyde Park. Elle veut retourner dans les stations de métro où elle a pu perdre son sac. Aide-la en lui indiquant comment elle peut se rendre à :

- Piccadilly Circus
- Waterloo Station
- Heathrow airport
- St James's Park
- Leicester Square

LISTEN!

1. What time does the next train to Waterloo leave?
2. What time's the last bus?
3. When's the next train to Stansted airport?
4. When does the next Southampton boat leave?
5. How do I get to Trafalgar Square?
6. Can I take my three bags in the cabin?

HELP!

you have to — *vous devez / tu dois*

Voir aussi page 125.

TEST YOURSELF

1. Translate: *Traduis :* 15 points

(Revision of the fish glossary.)

1. gills
2. scales
3. fins
4. roes
5. shell
6. fish bones
7. pike
8. scallops in the shell
9. shrimps
10. cod
11. brill
12. sea bream
13. crawfish
14. herring
15. ray

2. Which is the odd one out? *Quel est l'intrus ?* 5 points

1. a. eel
   b. bass
   c. gills
   d. moray

2. a. whiting
   b. perch
   c. fishbones
   d. cod

3. a. lobster
   b. crayfish
   c. shrimps
   d. sole

4. a. plaice
   b. ray
   c. snail
   d. trout

3. Find the 5 hidden verbs. Give their translations. 5 points

Trouve les 5 verbes cachés. Donne leurs traductions.

didyouscalewhywhitingrinseandflouryescleanhellothereundercoldwaterskinthefish

4. What can you do with these fish? 10 points

Que peux-tu faire avec ces poissons ?

Write 10 lines. *Écris 10 lignes.*

8 Kitchen activities

Kitchen activities
Kitchen activities
Kitchen activities

ACTIVITY

In your opinion, what are they doing?
Que font-ils / elles selon toi ?

Describe everything you see on the photograph.
Décris tout ce que tu vois sur la photo.

STARTERS

VERBS AND EXPRESSIONS

1. Link the expressions to their translations.
Reliez les expressions à leurs traductions.

lavez !	**cut!**
nettoyez	split (fish) / carve (meat)
rincez à l'eau froide	you can also grind
essuyez	slice
coupez !	core (the apples)
épluchez	peel
enlevez le cœur (des pommes)	remove the skin / to skin
ôtez la peau	chop
découpez (le poisson en deux / la viande)	**wash!**
coupez en morceaux	rinse under cold water
coupez en tranches	wipe
vous pouvez aussi moudre	clean
mélangez !	**check the seasoning**
battez les œufs en neige	serve hot or cold
ajoutez peu à peu	**mix / stir / blend!**
versez	whip / whisk up
fouettez	add gradually
étalez / abaissez (la pâte)	roll out (the pastry)
cuisinez, faites cuire !	pour
faites chauffer	beat the egg whites stiff
mettez le four à chauffer préalablement	**leave to cool / chill (fridge)!**
mettez le à four chaud / moyen / doux	leave to set (a jelly)
mettez le sur 4	**cook, bake (oven)!**
faites frire	cover (with a lid)
faites fondre	put it on mark 4
faites ramollir	soften
mitonnez à petit feu	heat
fumez	bring to the boil
couvrez (avec un couvercle)	put in a hot / medium / warm oven
réduisez (la température / une sauce)	smoke
laissez (la sauce) s'épaissir	pre-heat the oven
portez à ébullition	melt
retirez la casserole du feu !	turn down (the heat) / reduce (a sauce)
retirez le plat du four	fry
allumez / éteignez	let (the sauce) thicken
laissez refroidir !	simmer gently
laissez prendre (une gelée)	**take the pan off the heat!**
vérifiez l'assaisonnement	turn on / turn off
servez chaud ou froid	remove the dish from the oven

2. Think! *Réfléchis !*

Tous ces verbes sont à l'impératif. Comment forme t-on l'impératif en anglais ?

YOUR TURN!

À TON TOUR !

3. Link the verbs to their definitions. *Relie les verbes à leurs définitions.*

1. to put a lid on a pan
2. to cut in small pieces
3. to make egg-whites become firm
4. to prepare the pastry for the pie-dish
5. to remove the potato skin

a. chop
b. roll out
c. peel
d. beat the…stiff
e. cover

HELP!
become — *devenir*

4. Use the simple past to explain 5 actions you did in the kitchen today or yesterday.
Emploie le prétérit pour expliquer 5 actions que tu as faites en cuisine aujourd'hui ou hier.

Ex: At noon / Yesterday, I peeled the potatoes.

5. What can you: *Que peux-tu :*

Use your glossary!

Ex : 1. pour? ➔ You can pour the sauce.
2. chop?
3. smoke?
4. remove the skin of?
5. bring to the boil?
6. add gradually?
7. serve hot?
8. grind?
9. slice?
10. simmer gently?

6. What do you have to do to make this:
Que dois-tu faire pour faire ceci :

MAIN COURSE

DIALOGUE

I CAN'T GO JOGGING!

Philip : What's the matter?

Paul: Oh, I was just thinking about all the activities we're always repeating here in the kitchen.

Philip: Are you tired of being a cook?

Paul: Oh no. I love this job. But we are always doing the same things, aren't we? Washing, peeling, cutting, mixing, boiling, roasting…

Philip: Of course we are!

Paul: … frying, sometimes burning, seasoning…

Philip: Stop! You're giving me a headache!
It is a routine, but you don't always prepare the same dishes, do you?

Paul: No, you're right. And that's why I love this job. I love creating new things everyday. But the Chef won't always let me…

Philip: Well… your cabbage and cake yesterday weren't edible, were they?

Paul: I only put too much pepper in the cabbage and too much sugar in the cake! The rest was fine!

Philip: Sure it was! But maybe you need to practise the basics more before you become a more creative. We do need to keep our customers in the meantime!

Paul: All right, all right.

Philip: Then don't look so bored and fed up!

Paul: Oh, it's only because it's raining : I can't go jogging.

DO YOU UNDERSTAND THE DIALOGUE?

1. Answer the questions. *Réponds aux questions.*

1. What do you have to do when you are a cook? (one verb)
2. Does Paul love his job?
3. Is he happy or bored and fed up today?
4. What is "a routine"? (Use words which are in the dialogue.)
5. What does Paul especially like in his job?
6. What did Paul cook yesterday? Was it good? Why?
7. Why does Paul need more training?
8. Why can't Paul go jogging?

2. List the 9 kitchen verbs (activities) which are in the dialogue.
Liste les 9 verbes (activités) de la cuisine qui se trouvent dans le dialogue.

(Give their infinitive form. *Donne leur forme infinitive.*)

3. Now, say what you always do in your kitchen.
Maintenant, dis ce que toi tu fais toujours dans la cuisine.

Ex : I always…(See kitchen verbs pages 128 to 132.)

YOUR TURN!
À TON TOUR !

4. Interview a partner: *Interviewe un(e) partenaire :*

- Do you like your job? Why?
- Are you happy / bored / fed up today?

Est-ce que tu es heureux / tu t'ennuies / tu en as marre aujourd'hui?

- What is the last thing you did wrong in the kitchen?

Quelle est la dernière chose que tu as mal faite dans la cuisine?

THE LANGUAGE

Aide page 126

Participe passé ou participe présent ?

Have a look

We're always repeating the same activities.
We have repeated the same activities.

1. Quel mot est un participe présent ?
2. Quel mot est un participe passé ?
3. A quoi sert ici le participe présent ?
4. A quoi sert ici le participe passé ?

Have a go!

Participe présent ou participe passé ?

- I can't go jogging. - It's raining. - You have given me a headache.

Aide page 125

Emploi de "will"

Discover

The Chef won't always let me.

1. Quelle est la forme pleine de won't ?
2. Quel sens ce mot donne t-il à la phrase ?
3. Sais-tu dans quelles situations on emploie will ?

Have a go!

A toi d'inventer trois phrases avec will en employant des verbes dans la liste ci-dessous !

Aide page 124

Revision : simple present / present be + ing

1. Trouve toutes les formes au présent simple qui se trouvent dans le dialogue.
2. Trouve toutes les formes au présent en BE + ING qui se trouvent dans le dialogue.

10 VERBS TO SWALLOW ! or verbal expressions — *10 VERBES À AVALER ! ou expressions verbales*

1. repeat	répéter	6. become	devenir
2. be tired of	être fatigué de	7. keep	garder (sens aussi de " stocker")
3. let	laisser (sens aussi de " louer ")	8. be bored	s'ennuyer
4. be fine	être bien / bon / beau	9. be fed up (with)	en avoir assez / en avoir marre (de)
5. practise	s'entraîner	10. rain	pleuvoir

DESSERT

REMEMBER THE WORDS?

1. Write five orders using the imperative form and the kitchen verbs pages 128 to 132.

Rédige cinq ordres en utilisant la forme impérative et les verbes de la cuisine pages 128 à 132.

Ex: Steam the vegetables. *Faites cuire les légumes à la vapeur.*

2. Find the translation of the verbs in your glossary.

Trouve la traduction des verbes dans ton glossaire.

1. We are going to...the fish fillets.	Nous allons paner les filets de poisson.
2. Leave the sugar to... .	Laissez le sucre se caraméliser.
3. ... the chocolate in a bain-marie.	Faites fondre le chocolat au bain-marie.
4. ... the stock.	Écumez le bouillon.
5. ... the chicken thighs	Faites dorer les cuisses de poulet.
6. Don't ... the dish!	Ne faites pas tomber le plat !
7. ... the cucumbers with a spoon.	Épépinez les concombres avec une cuillère.
8. ... the biscuits.	Emiettez les biscuits.
9. ... the pan.	Huilez la poêle.
10. ... and ... the tin.	Beurrez et farinez le moule.
11. ... the cherries, and ... the cake.	Dénoyautez les cerises, et décorez le gâteau.
12. You must ... the dish from the oven.	Il faut retirer le plat du four.

REMEMBER THE EXPRESSIONS?

3. a. Say 3 things you like doing (using the kitchen verbs).

Dis trois choses que tu aimes faire.

Ex: I like cooking.

b. Say 3 things you hate doing or are fed up with.

Dis trois choses que tu détestes faire ou dont tu as marre.

Ex: I'm fed up with peeling potatoes.

4. Translate. *Traduis.*

1. J'ai mis trop de farine!
2. Il faut que tu t'entraînes!
3. Mets le rôti à four chaud.
4. Il faut rincer le poisson sous l'eau froide.
5. Il faut laisser refroidir le gâteau.
6. J'en ai marre de couper les carottes.
7. Il faut battre les blancs d'œufs jusqu'à ce qu'ils deviennent fermes.
8. Il faut éplucher et évider les pommes.
9. Le four est trop chaud. Réduis la température!
10. Il faut couvrir la casserole.

5. Right or wrong? *Vrai ou faux ?*

1. You remove the skin from a steak.
2. You reduce a chicken.
3. You let a white sauce thicken.
4. You beat egg yolks stiff.
5. You fry potatoes.
6. You can also fry water-melons.
7. You serve smoked salmon cold.
8. You can slice mushrooms.
9. You grind almonds.
10. You roll out fish.

EXPRESS!

6. What are they doing? *Que font-ils / elles ?*

7. Using the vocabulary page 84 and your glossary, invent a very easy recipe.

En te servant du vocabulaire page 84 ainsi que de ton lexique, invente une recette très facile.

AND ELSEWHERE?

LEISURE TIME

LE TEMPS DES LOISIRS

1. Which sport is which? *Quel est ce sport ?*

1. playing golf
2. hang-gliding
3. doing gymnastics
4. cycling
5. hiking
6. swimming
7. horse riding
8. canoeing
9. fencing
10. downhill skiing
11. rowing
12. playing table tennis

2. For which sport do you need: *Pour quel sport as-tu besoin de :*

Make full sentences using "go", "do", or "play":
Ex: - a bicycle? ➜ You need a bicycle to go cycling.

1. a hang-glider?
2. a gym outfit?
3. a tennis racket?
4. a paddle?
5. a riding hat?
6. a golf club?
7. a pair of skis?
8. a sword?
9. an oar?
10. a bathing suit?
11. a good pair of shoes?

AND YOU?

Do you know other names of sports?
Connais-tu d'autres noms de sports ?

What's your favourite sport?
Quel est ton sport préféré ?

3. Which activity do you like doing in your leisure time?
Quelle occupation aimes-tu avoir pendant ton temps de loisir ?

- reading?
- cooking?
- playing chess?
- playing football?
- playing computer games? which ones?
- watching television? which channel? which programme?
- talking with your best friends?
- going for a walk in the forest?
- surfing on the web?
- playing cards?
- fighting with your parents?

HELP!

I like + verbe + ING

Ex: I like reading. *J'aime lire.*
I hate working. *Je déteste travailler.*

4. In the same way, say if you like the sports or not, on page 90.
De la même façon, dis si tu aimes ou non les sports de la page 90.

5. Who are they? ***Qui sont-ils ?***
What are they doing? ***Que font-ils ?***
Where are they? ***Où sont-ils ?***

TEST YOURSELF

1. What can you do with: *Que peux-tu faire avec :* 15 points

Ex: You can smoke salmon (/ it). (You can use pronoms!)

1. eggs?
2. a leg of lamb?
3. tomatoes?
4. herrings?
5. a saucepan / a burnt saucepan?
6. the heat?
7. an apple?
8. potatoes?
9. a sauce?
10. almonds?
11. butter?
12. an orange?
13. mutton chops?
14. the ingredients?
15. apricots?

2. Find the ten hidden verbs (related to kitchen activities). 10 points

Trouve les dix verbes cachés (liés aux activités de la cuisine).

I	N	D	B	U	T	T	E	R
W	E	E	P	B	S	O	S	U
E	F	C	O	O	K	U	E	S
B	L	O	U	I	I	R	R	A
T	O	R	R	L	M	N	V	I
S	U	A	S	L	I	C	E	L
E	R	T	U	O	J	L	R	E
K	M	E	L	T	Y	E	G	G
T	U	R	N	D	O	W	N	O

3. Use five of the words you have found in the crossword, to write five sentences with "will". 5 points

Utilise cinq mots que tu as trouvés dans le mots croisés pour écrire cinq phrases avec " will ".

4. Name five English verb forms. Give an exemple for each. 5 points

Nomme cinq formes verbales anglaises. Donne un exemple pour chacune.

5. Now, write 5 short sentences talking about activities outside the kitchen! 5 points

Maintenant, rédige 5 phrases courtes concernant des activités en dehors de la cuisine !

9 Cheese and desserts

ACTIVITY

What can you say about these cheeses?
Que peux-tu dire sur ces fromages ?

Can you name the fruit you see?
Peux-tu nommer les fruits que tu vois ?

STARTERS

CHEESE *Le fromage*

soft cheeses

firm cheeses

veined cheeses

crumbly cheese

cheeseboard

cheese cover

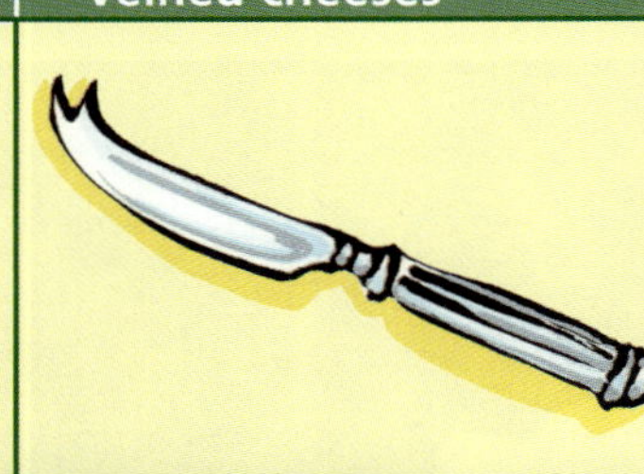
cheese knife

cheese rind

EXPRESSIONS

C'est un fromage :
- de ferme / de pays
- de laiterie / d'usine
- de vache / chèvre / brebis
- à pâte dure / molle / persillée / pressée / cuite
- crémeux / moelleux / coulant
- ferme / avec des trous
- fruité / riche
- aux herbes, noix / à l'ail

La croûte est moisie.
Il est bien fait !

It's:
- **a** farm / local **cheese**
- **a** dairy-made / factory-made **cheese**
- cow's / goat's / ewe's milk **cheese**
- **a** hard / soft / veined / pressed / cooked cheese
- **a** creamy / smooth / runny **cheese**
- **a** hard, firm / holey
- **a** fruity / rich
- **a cheese** with herbs, nuts / garlic

The rind is mouldy.
It is ripe! / It is mature!

YOUR TURN!

À TON TOUR !

1. Are the following cheeses:
Les fromages suivants sont-ils :

firm? / crumbly? / soft? / veined?

Edam - Roquefort - Comté - Bleu de Bresse - Camembert - Old Gouda - Munster

2. Name: *Nomme :*

- a cow's cheese
- a goat's cheese
- an ewe's milk cheese

DESSERTS *Les desserts*

3. Which other utensils do you often use? **(See pages 24 and 25)**
Quels autres ustensiles utilises-tu souvent ?

EXPRESSIONS

COMMENT FAIRE UN GÂTEAU
D'abord, faites chauffer le four.
Prenez un récipient, et mettez le / la / les…
Incorporez peu à peu le / la / les… (ramolli(s)).
Réduisez / Augmentez les proportions (de moitié).
Puis mélanger vos ingrédients.
Faites un puits (si nécessaire).
Battez vos œufs en neige.
Versez dans un moule beurré.
Remplissez les 2/3 du moule seulement !
Faites cuire…
Pour les tartes :
Étalez la pâte et piquez-la (avec une fourchette).

HOW TO MAKE A CAKE
First, heat the oven.
Take (out) a mixing bowl, and put the…
Add the (softened) … gradually.
Halve / Double the proportions.
Then mix your ingredients.
Make a well (if necessary).
Beat the egg whites stiff.
Pour into a greased pan.
Fill only two thirds of the cake tin!
Bake…
For flans:
Roll out the dough and prick it (with a fork).

YOUR TURN!
À TON TOUR !

4. Find the fruits. *Retrouve les fruits.* See glossary pages 153 to 155.

1. r e a g n o
2. p e r g a r f u t i
3. w e s t a r r b y r
4. p e a l p
5. o m l e n
6. m e t r o n l a w e
7. d e r a r t r u n c
8. n a b a a n
9. p l e p a n i p e
10. p a g e r

LESSON 9

MAIN COURSE

DIALOGUE

CHEESE OR CHOCOLATE?

The Head Chef: Look at this greedy chap!

Commis Chef: I'm only tasting the mixture! Hum… it's really good.

The Head Chef: What are you making?

Commis Chef: I'm making a chocolate cake for tonight's banquet. I wasn't being a spoilsport, but I prefer chocolate to cheese, you see, so I asked Vanessa to prepare the cheeseboards.

The Head Chef: I see. Did you melt the butter properly in the bain-marie?

Commis Chef: Yes, and I mixed it well with caster sugar until the mixture whitened.

The Head Chef: And then, what did you do?

Commis Chef: I melted the chocolate and blended it with the sugar and butter, I added the flour gradually, the egg-yolks one by one and a few drops of vanilla essence.

The Head Chef: Right. And you're beating the egg whites stiff now. You didn't forget to add a pinch of salt, I hope?

Commis Chef: No, I did that too. Then I'll mix everything very carefully … the egg whites mustn't flop.

The Head Chef: Good. And don't forget to keep an eye on the cake while it bakes. It must cook at a low temperature and not too long!

Commis Chef: I know, I know. It is cooked when you have sticky crumbs on the knife.

The Head Chef: Nice job, Vanessa. Your cheeseboards look beautiful with these vine leaves.

Vanessa: I put a bit of each: you have some goat's cheese, soft, hard and crumbly cheeses. Look at them! Much more appetizing than a chocolate cake…

Commis Chef: Well, I don't think so!

DO YOU UNDERSTAND THE DIALOGUE?

1. Answer the questions. *Réponds aux questions.*

1. What is the commis Chef making?
2. What is happening tonight?
3. What is Vanessa preparing?
4. What do you add to egg whites when you beat them stiff?
5. At what temperature must the cake Chef?
6. When do you know the cake is cooked?
7. Describe Vanessa's cheeseboard.
8. Does Vanessa prefer cheese or chocolate cake? What about the commis Chef? And you?

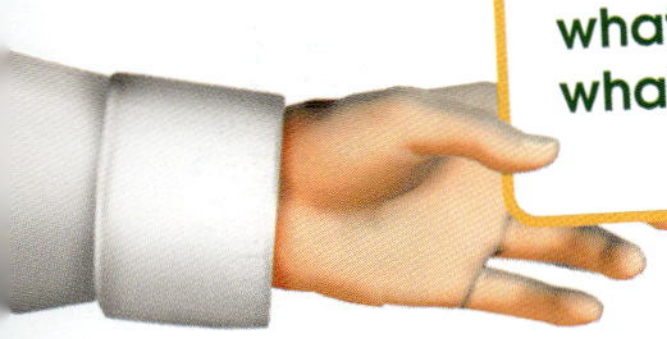

HELP!

what's happening?	*que se passe t-il ?*
what about…	*qu'en est-il de …*

2. Rewrite the chocolate cake recipe the commis Chef is making in the dialogue.

Réécris la recette de gâteau au chocolat que le commis est en train de faire dans le dialogue.

Ex: You melt the butter…

YOUR TURN!

À TON TOUR !

3. Do you make chocolate cake in the same way? If not, what do you do differently?

Est-ce que tu fais le gâteau au chocolat de la même façon ? Si ce n'est pas le cas, que fais-tu différemment ?

THE LANGUAGE

Aide page 126

Revision of a few main verb forms

Have a go!

1. Quelles sont les formes des verbes dans les phrases suivantes ?
   a. Look at this greedy chap!
   b. I'm making a chocolate cake.
   c. Did you melt the butter?
   d. I mixed it well.
   e. I'll mix everything very carefully.
2. Mets les phrases ci-dessus à la forme négative.

Aide page 126

Genitive form

Discover

a. I'm making a chocolate cake for tonight's banquet.
b. It's really good.

1. Dans quelle phrase se trouve le "s" génitif ?
2. Que représente le "s" de l'autre phrase ?
3. Traduis les phrases.
4. Quel est le sens du " s " génitif ?

Have a go!

4. Retrouve l'autre forme génitive qui se trouve dans le dialogue.
5. Traduis :
   C'est l'assiette de Marc, mais c'est le verre de Christophe.

10 VERBS TO SWALLOW ! or verbal expressions — ***10 VERBES À AVALER !*** *ou expressions verbales*

1. be greedy	*être gourmand(e)*	6. blend	*mélanger*
2. be good	*être bon (/ bien)*	7. mix carefully	*mélanger délicatement*
3. be a spoilsport	*être un rabat-joie*	8. flop	*retomber / s'effondrer*
4. prefer	*préférer*	9. keep an eye on	*surveiller*
5. whiten	*blanchir*	10. be appetizing	*être appétissant*

DESSERT

DO YOU REMEMBER THE WORDS? (CHEESE)

1. What is it? *Qu'est-ce que c'est ?*

1. It is what you cut cheese with.
2. You use it to cover the cheese.
3. It is what you can present cheese on.
4. It is the opposite of soft.
5. It is the part of the cheese you don't usually eat.

DO YOU REMEMBER THE WORDS? (DESSERT)

2. a. Say which utensils you need to make:

Dis de quels ustensiles tu as besoin pour faire :

1. a lime sorbet
2. an apple pie
3. a strawberry soufflé
4. meringues
5. pancakes with whipped cream
6. a chocolate cake with chocolate icing

b. Now, say which ingredients you need to make the same desserts.

Maintenant, dis de quels ingrédients tu as besoin pour faire ces mêmes desserts.

Ex: Strawberry sorbet is made with... (Le sorbet aux fraises est fait avec...)

3. Link the dessert names to their translations.

Relie les noms de dessert à leur traductions.

1. waffles	coulis de framboises	**Help page 157**
2. sponge cake	gaufres	
3. egg custard	chaussons	
4. chocolate flan	mousse au chocolat	
5. apricot fritters	flan aux oeufs	
6. chocolate mousse	riz au lait	
7. rice pudding	génoise	
8. turnovers	roulé au chocolat	
9. chocolate roll	beignets à l'abricot	
10. raspberry coulis	tarte au chocolat	

DO YOU REMEMBER YOUR FRUITS AND NUTS?

4. Translate: *Traduis :*

Use your glossary pages 153 to 155.

jus de pamplemousse - quartier de poire - noyau de prune - queues de cerises - mûres - grains de raisin - pépins de pastèque - pulpe de citron vert - trognon de pomme - peau de banane

5. Are they nuts? *Est-ce que ce sont des noix ?*

mango - chestnut - grapefruit - quince - date - blackberries - walnut - pistachio - greengage - pine kernel - pomegranate - arbutus berries

LISTEN!

6. What is it? *Qu'est-ce que c'est ?*

Listen to the recording, and:
- note down the ingredients you hear in your Activity Book.
- say which recipe it is.

7. Read the recipe. *Lis la recette.*

Scones

Ingredients:
- $2^{1/2}$ cups of flour,
- 1 cup of sugar,
- 1 egg,
- 60 gr. of butter,
- 5 tablespoons of milk or light cream,
- 1 teaspoon of baking powder,
- 50 gr. of raisins,
- a pinch of salt.

Method:
- Heat the oven (Thermostat 5-6),
- in a mixing bowl, mix the flour, the sugar, the baking powder and the salt,
- then add the eggs, the softened butter and the milk (or light cream),
- roll out the pastry on a floured surface and cut into small circles (you can do this with a small glass),
- bake them on a metal sheet for about fifteen minutes.

Serve hot... and let the butter melt on them...

a. Rephrase the recipe: you are explaining to your neighbour how to make scones.
Reformule la recette : tu expliques à ton (ta) voisin(e) comment faire des " scones ".
Ex : You have to...

b. Look at the picture below, which scone ingredient is missing?
Regarde le dessin ci- dessous, quel ingrédient de " scone " manque ?

EXPRESS!

8. a. Describe your favourite cheese and dessert.
Décris tes fromage et dessert préférés.

b. Explain in English how you make puff pastry and " sablé " pastry.
Explique en anglais comment on fait de la pâte feuilletée et de la pâte sablée.

AND ELSEWHERE?

IT'S TRADITIONAL!

C'EST LA TRADITION !

1a. Who eats what? *Qui mange quoi ?*

Which of these dishes are :

British? / Russian? / Italian? / American? / Australian? / Mexican? / Indian?

1. Pavlova
2. Cheesecake
3. Chicken tikka
4. Bortsch
5. Stroganoff beef
6. Steak and kidney pie
7. Chilli con carne
8. Bacon and eggs
9. Tiramisu
10. Muffins

b. Which of them are meat dishes? fish dishes? desserts? other?
Lesquelles sont des recettes de viande ? de poisson ? de dessert ? autre ?

2. What dish will you get if you follow these recipes?
Quel plat obtiens-tu si tu suis ces recettes ?

USE YOUR GLOSSARY and kitchen verbs pages 128 to 160!

1

You need:

2 tablespoons of coffee
2 tablespoons of marsala
350 grammes of mascarpone
2 tablespoons of caster sugar
3 eggs
Boudoir biscuits
2 tablespoons of cocoa powder

What you do:

Dip the finger biscuits in the coffee, and set them at the bottom of a dish.

Beat the sugar and egg yolks. Then add the mascarpone and the egg whites stiffly beaten and marsala. Pour over the finger biscuits and put in the refrigerator for a few hours.

Sprinkle with cocoa powder before serving.

2

What you do:

Beat the egg whites, and gradually add the sugar, cornflour, lemon and vanilla essence. Pour the mixture into a buttered tin (with greaseproof paper). Bake in hot oven for ten minutes and then turn down to the lowest temperature for half an hour.

Serve with bananas or other fruit and cream. This recipe was named after the ballerina Pavlova when she came to visit Australia.

You need:

4 egg whites
1 1/2 cups of caster sugar
1 teaspoon of cornflour
1 teaspoon of lemon juice
1 teaspoon of vanilla essence
fruit (bananas)
cream.

3

You need:

- biscuits (of your choice)
- 500 grammes of cream cheese
- 250 grammes of granulated sugar
- 4 tablespoons of cream
- 5 eggs
- 1 lemon
- 20 grammes of butter

What you do:

Melt the butter and mix in the biscuit crumbs. Put the biscuit mixture in the bottom of a tin. Mix in a bowl the cream cheese, sugar, eggs and grated lemon rind. Add the cream. Place the tin on an oven tray filled with water and bake at medium temperature for an hour. Cool off in the refrigerator and serve with a red fruit sauce.

HELP!

tablespoon	*cuillère à soupe*
teaspoon	*cuillère à café*
blend	*mixer*
skim off the froth	*écumer*
soaked	*trempés*

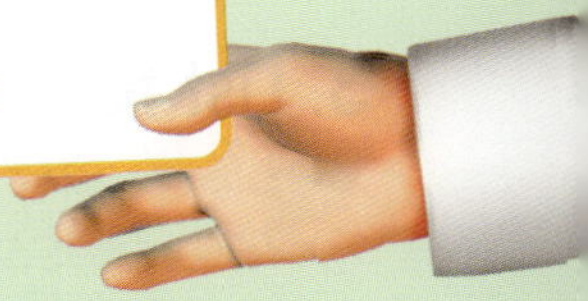

4

What you do:

Put the meat in a pan of cold water with herbs. Add the vegetables (remove tomato skins, and blend the tomatoes before adding them). Skim off the froth when necessary. Leave to simmer on a low heat for three hours. Serve with cream and dill, and "pirochkis".

"Pirochkis" are little pastry puffs filled with a mixture of dry bread soaked in milk, rice, fish or meat, onions, parsley and eggs. It is russian.

You need:

750 grammes of beef (flat of rib)
3 carrots
3 beetroots
4 tomatoes
(It is best if you also add tomato purée.)
2 onions
a small cabbage
(and / or whatever other vegetable(s) you wish.)
herbs, garlic, salt and pepper
cream and dill

AND YOU?

1. Do you like cooking?
2. Can you name other foreign dishes?
3. List the ingredients needed.
4. Do you have a favourite exotic dish?
5. Write a recipe and ask the class to guess what it is!

TEST YOURSELF

1. Give five names of English fruits which are similar to the French names.
Donne cinq noms anglais de fruits qui ressemblent aux noms français. 5 points

2. Name these basic ingredients. *Nomme ces ingrédients de base.* 5 points

3. List ten utensils you mostly use to prepare desserts. 10 points
Liste dix ustensiles dont tu te sers le plus souvent pour préparer les desserts.

4. Link the desserts to their ingredients. 10 points
Relie les desserts à leurs ingrédients.

1. meringue
2. "crème caramel"
3. a fruit salad
4. floating island
5. lemon flan
6. strawberry charlotte
7. nut roll
8. peach stew
9. "crème brulée"
10. pancakes

a. "sablé" pastry, pastry cream, lemon
b. raspberries, strawberries, apples, oranges, lemon juice
c. sponge fingers, fruit mousse, cream, gelatine, strawberries
d. sugar, eggs, milk, caramel
e. flour, eggs, milk
f. sponge cake, pastry cream, nuts
g. milk, cream, eggs, sugar, vanilla sugar, soft brown sugar.
h. stiff egg whites, custard, caramel
i. sugar, egg whites
j. peaches, sugar, vanilla

5. Translate. *Traduis.* 5 points

1. tarte aux poires
2. mousse à la fraise
3. génoise
4. crêpes
5. beignets aux pommes
6. chaussons aux pommes
7. sorbet à l'orange
8. gauffres chantilly
9. meringues au chocolat
10. coulis de framboise

6. Right or wrong? *Vrai ou faux ?* 5 points

1. Pavlova is an Australian meat recipe.
2. Pirochkis are Russian.
3. Tiramisu is an Italian recipe made with mascarpone.
4. Cheesecake is made with cheese.
5. Steak and kidney pie is a Mexican dish.

10 The international fork and wines

The international fork and wines
The international fork and wines
The international fork and wines

ACTIVITY

Name at least six things.
Nomme au moins six choses.

STARTERS

EXPRESSIONS

DE QUELLE ORIGINE EST CE PLAT ?
Il vient de ...
Qu'est-ce qu'il y a dedans ? Il y a du / des / de la...
Est-ce que c'est très épicé ?
Oui. / Non.

WHERE DOES THIS DISH COME FROM?
It comes from ...
What's in it? There is some ...
Is it very spicy?
Yes, it is. / No, it isn't.

DE QUEL VIN S'AGIT-IL ?
D'où vient-il ?
Est-ce que c'est un mousseux ou non-mousseux ?

Est-ce qu'il est :
- blanc / rouge / rosé ?
- fruité / puissant / léger ?
- sec, demi-sec / doux, demi-doux ?
- charnu / liquoreux / rond ?
- jaune doré / jaune paille ?
- grenat / rouge (foncé) / rouge orangé ?
- rose saumon / rose vif ?

Est-ce qu'il est servi frais / glacé / chambré / à la température de cave ?
Est-ce qu'il est bon marché / à prix raisonnable / cher ?

C'est :
- un vin étranger.
- un vin de la maison.
- un excellent cépage !

Il ira bien avec ...

WHICH WINE IS IT?
Where does it come from?
Is it a sparking or non-sparkling wine?

Is it:
- white / red / rosé?
- fruity / powerful / light?
- dry, medium dry / sweet, semi-sweet?
- fleshy / syrupy / round?
- gold yellow / straw-coloured?
- garnet coloured / (dark) red / orange(y)-red?
- salmon pink / bright pink?

Is it served chilled / ice-cold / at room temperature / at cellar temperature?
Is it cheap / reasonably priced / expensive?

It's:
- a foreign wine.
- a house wine.
- an excellent grape variety.

It will go well with...

Voir aussi "Non-alcoholic drinks"page 134, et " Alcoholic drinks " page 135.

YOUR TURN!

À TON TOUR !

1. a. Where does this dish come from? *D'où vient ce plat ?*

You can eat anything anywhere today, but where do these dishes come from?
Tu peux manger de tout partout aujourd'hui, mais d'où viennent ces plats ?

a. Fish and chips
b. Gaspacho
c. T.bone steak
d. Irish stew
e. Couscous
f. Spaghetti with Bolognaise Sauce
g. Steak and kidney pie
h. Ploughman's lunch
i. Paella
j. Moussaka

b. Is it spicy? *Est-ce que c'est épicé ?*

b. Which dishes in exercise 1a. on page 104 are described below?
Quels plats dans l'exercice 1a. page 104 sont décrits ci-dessous ?

a. crusty bread with cheese, pickled onions and pickles (crusty : croustillant)
b. meat French and kidney in pastry
c. fish in batter with French fries
d. pasta with minced meat and tomato sauce
e. rice with peas, chicken, mussels, pork, squid, gambas and red and green peppers
f. semolina with courgettes, carrots, chickpeas and mutton
g. aubergines, onions, minced lamb, tomates, bechamel sauce and cheese

2. Link the dish to the wine which would suit best, and say why.
Relie le plat au vin qui conviendrait le mieux, et dis pourquoi.

Use the expressions on page 104.
Ex: A (name of wine) would go well with (name of dish).

1. avocado	a. Saint-Emilion
2. Chili con carne	b. Sancerre
3. shrimps	c. Chianti
4. Carpaccio	d. Rioja
5. Stroganoff beef	e. Muscadet
6. Sirloin steak	f. Châteauneuf-du-Pâpe

3. Can you name three dishes and three non-alcoholic drinks which you are likely to find anywhere in the world?
Peux-tu nommer trois plats et trois boissons non alcoolisées que tu pourrais trouver n'importe où dans le monde ?

4. If you had your own restaurant, what kind of food would you like to serve?
Si tu avais ton propre restaurant, quel type de nourriture aimerais-tu servir ?

See the nationalities in your Activity Book on page 31.

AND YOU?

1. a. What do you think food will be like in the year 3000?
A ton avis, comment sera la nourriture en l'an 3000 ?

b. Do you think more and more people will be eating the same things?
Penses-tu que plus en plus de gens mangeront ?

2. What is your ideal "menu of a day"?
Quel est ton menu ideal de la journée ?

3. What should you eat to stay healthy?
Que devrais-tu manger pour rester en forme ?

MAIN COURSE

DIALOGUE

THE INTERNATIONAL FORK

Waiter: What would you like to order?

American Chef: I'm going to have the American lunch, but I'd like the hamburger without bread, ketchup and fries. Oh, and I don't want the meat cooked. I want it raw with an egg-yolk, onions, capers, and parsley.

Waiter: That's a French steak tartare, then. Would you like some vegetables?

American Chef: Yes, I'll have some potatoes "au gratin".

Waiter: Your American meal has become a French meal.

American Chef: It's the melting pot idea!

Waiter: And what will you have to drink?

American Chef: Some soda water, please.

Australian Chef: Can I have some roast lamb, please?

Waiter: Yes, what would you like with it?

Australian Chef: Just a salad, please, and a glass of Pinot Noir from the Red Hills of Oregon.

Waiter: So that's an Australian menu with an American wine. *To the Japanese cook :* And what would you like?

Japanese Chef: Two chicken nehms, and a glass of red wine from the Barossa Valley.

Chinese Chef: Ah, yes! That's near Adelaide! Good wine! One of the best known Australian wines! I'm going to have some lobster. Do you have big ones like the ones you find in Canada?

Waiter: Ours are a bit smaller.

Chinese Chef: Then give me a Scaloppine Milanese with a glass of Rioja Marqués de Caceres.

Waiter: That's the Italian menu, with a Spanish wine.

Chinese Chef: That's right. And some chop sticks, please.

DO YOU UNDERSTAND THE DIALOGUE?

1. What are they each having to eat and drink?

Que mangent-ils/elles et boivent-ils/elles chacun(e) ?

a. the American Chef
b. the Australian Chef
c. the Japanese Chef
d. the Chinese Chef

2. What do you get if you order: *Que te sert-on si tu commandes :*

a. an American lunch?
b. a French meal?
c. an Australian menu?
d. an Italian menu?

3. What is a "steak tartare"? *Qu'est-ce qu'un "steak tartare" ?*

4. Where is Adelaide? *Où est Adelaïde ?*

Find more information about the town! *Trouve davantage d'informations sur la ville !*
Use the Internet!

5. Find the two meanings of "melting pot". Use a dictionary.
Trouve les deux significations de "melting pot". Utilise un dictionnaire.

YOUR TURN!

À TON TOUR !

6. Which wines would you suggest with the dishes listed in the dialogue?
Quels vins conseillerais-tu avec les plats énumérés dans le dialogue ?

7. Write a dialogue with three Chefs from three different countries.
Rédige un dialogue avec trois cuisiniers de trois différents pays.

THE LANGUAGE

Rédige tes propres règles de grammaire!

A toi d'être le professeur !

Donne toutes les explications grammaticales que tu peux concernant les mots / éléments soulignés dans chacune des phrases suivantes :

1. I'm going to have the American lunch.
2. I'd like the hamburger without bread.
3. I don't want the meat cooked.
4. I'll have some potatoes "au gratin".
5. Your American meal.
6. Your American meal has become a French meal.
7. Can I have some roast lamb?
8. A glass. An Australian menu. The Italian menu.
9. A glass of red wine.
10. One of the best known Australian wines.
11. Ours are a bit smaller.
12. And some chopsticks, please.

8. Which ten verbs or verbal expressions in this book do you remember best?
De quels dix verbes ou expressions verbales dans ce livre te souviens-tu le mieux ?

9. Can you remember ten adjectives which can be applied to wines?
Peux-tu te rappeler de dix adjectifs que l'on peut appliquer au vin ?

DESSERT

FOREIGN DISHES AND DRINKS

1. a. Find what they eat and drink: *Trouve ce qu'ils mangent et boivent :*

Use the Internet!

1. the Danish.
2. the Dutch.
3. the Scottish.
4. the Irish.
5. the German.
6. the Portuguese.
7. the Spanish.
8. the Japanese.
9. the Italians.
10. the Greeks.

b. If you can, describe the dish briefly.
Si tu le peux, décris le plat brièvement.

c. Choose one of the foreign recipes you have found.
Choisis l'une des recettes étrangères que tu as trouvée.

a. List the ingredients.
b. Explain clearly what you have to do.

WINES AND LIQUORS

2. Which wine / alcohol is it? *De quel vin / alcool s'agit-il ?*

1. It is a sparkling straw-coloured wine.	a. Saké
2. It is a Japanese rice alcohol.	b. Whisky
3. It is a red Bordeaux wine, rich and full-bodied.	c. Tequila
4. It is a Mexican spirit made out of agave fruit.	d. Vodka
5. It is a white, or very dark red, Portuguese wine.	e. Médoc
6. It is gold yellow, there are many types in Scotland.	f. Champagne
7. It is a transparent and very strong Russian alcohol.	g. Porto

3. a. Which wines / alcohols do you mostly use in the kitchen?
Quels vins / alcools utilises-tu principalement en cuisine ?

Use your glossary page 135!

b. What do you use them for? *Pour quoi les utilises-tu ?*

4. Ask the class to guess which is your favourite wine (or a wine you will have chosen), using the expressions on page 104.
Demande à la classe de deviner quel est ton vin préféré (ou un vin que tu auras choisi), à l'aide des expressions de la page 104.

NON-ALCOHOLIC DRINKS

5. Ask your neighbour if you can have: (Help page 134).
Demande à ton voisin / ta voisine si tu peux avoir :

Ex: Can I have a glass of … ➜ Yes you can. / No, you can't! (There isn't any.)

1. un verre de jus de pamplemousse
2. une bouteille d'eau minérale
3. un verre de lait
4. une limonade
5. une infusion de camomille
6. une tasse de café décaféiné sans sucre
7. un thé citron
8. du sirop de framboise
9. un chocolat chaud
10. un café noir

LISTEN!

6. Listen to the recording, and say which drink below is not mentioned.
Écoute l'enregistrement, et dis quelle boisson ci-dessous n'est pas mentionnée.

EXPRESS!

7. Tell me what you drink… and I will tell you who you are!
Dis moi ce que tu bois… et je te dirais qui tu es !

Use your glossary, pages 134 and 135, to write with a partner a dialogue in which you interview each other on the drinks you have for breakfast, lunch, dinner and at any other moment of the day.

A l'aide de ton lexique pages 134 et 135, écris avec un(e) partenaire un dialogue dans lequel vous vous interviewez sur les boissons que vous prenez pour le petit déjeuner, le déjeuner, le dîner et à tout autre moment de la journée.

AND ELSEWHERE?

HAVE YOU GOT A JOB FOR ME?

AVEZ-VOUS UN TRAVAIL POUR MOI ?

WE NEED:

AN EXPERIENCED PASTRY CHEF
(Permanent position)
for our four-star restaurant located in Central London.
Good wages according to experience.
Apply to Miss Teaport (Staff manager) with references.

Ref: 45628GH

WISH TO DISCOVER A NEW COUNTRY? WANT TO TRAVEL?

VACANCIES FOR AMBITIOUS CHEFS
The International Cumberland hotel
Melbourne Australia
Full time jobs
Applications to be sent to:
Personnel Manager with C.V. together with names and addresses of referees, and letter of application.

Ref: 45652GH

A LETTER OF APPLICATION

UNE LETTRE DE CANDIDATURE

Etienne Rivière
19, rue du Pont
Bordeaux

Thursday May 7th 1999

Dear Madam, Sir,

I am writing to apply for the post of commis Chef in your restaurant, as advertised on the internet.
I am about to finish my two-year training course and have just obtained the French National Catering Diploma for Chefs (CAP).
I would very much like to complete my training by coming to London for six months' experience.
I will be available from September 1st.
Please find enclosed my Curriculum Vitae.
I look forward to your reply.

Yours sincerely,
E. Rivière

YOUR TURN!

À TON TOUR !

1. Use the following CV to write your own: *Utilise le CV suivant pour rédiger le tien.*

CURRICULUM VITAE

Surname:	Lapêche
First name(s):	François Rudolph
Address:	123, Allée des Amours d'Antan, Fontainebleau
Telephone number:	01 64 00 01 00
E-mail:	f.lapeche@English.fr
Date of birth:	24/03/83
Nationality:	French

DIPLOMAS

1997:	French " B.E.P.C. "
1999:	CAP cuisine (" Certificat d'Aptitude Professionnelle pour cuisiniers) C.F.A d'Avon – France.

PROFESSIONAL EXPERIENCE

1997-1998:	Commis Chef at the Hôtel Restaurant du Moulin – Paris
1998-1999:	Commis Chef at the Troubadour Restaurant – Fontainebleau End of contract : July 1st 1999.
References:	Mr. Solas (Manager of the " Hôtel Restaurant du Moulin ") Mr. Savory (Manager of the " Troubadour " Restaurant) Mr. Tillot (Teacher at the Avon Catering school)

LANGUAGES

French	Fluent
English	Understood
German	Basic notions

OTHER

Countries visited:	Great Britain, Finland, United States (one month in New York city and State), Holland, Switzerland, Morocco and Spain.
Sports:	Tennis, swimming, badminton and hiking. (Did a trek in the Swiss Alps.)
Computer skills:	Good experience of standard applications.

2. Write your letter of application to accompany the CV.

Don't forget to explain:
- where, when and for how long you want to work,
- why you want the job.

3. Imagine an ideal job offer! *Imagine une offre d'emploi idéale !*

TEST YOURSELF

1. Find the ten wine adjectives. *Trouve les dix adjectifs de vins.* 10 points

H	I	G	H	L	I	R	E	L	O
V	E	W	H	I	T	E	X	A	P
J	E	H	U	G	E	D	P	I	S
F	L	E	S	H	Y	I	E	N	E
S	W	E	E	T	D	E	N	O	M
W	H	E	R	E	R	A	S	U	M
F	R	U	I	T	Y	M	I	A	O
A	R	R	O	U	N	D	V	T	T
I	I	C	E	C	C	H	E	A	P

2. Ask the questions in English: *Demande en anglais:* 10 points

1. D'où vient le vin ?
2. Est-ce un vin mousseux ou non-mousseux ?
3. De quel pays vient ce plat ?
4. De quoi est fait ce plat ?
5. Le vin va-t-il bien avec le plat ?
6. Qu'aimerait boire ton voisin / ta voisine ?
7. Le plat est-il épicé ?
8. Est-ce un vin de la maison ?
9. Est-ce un plat de viande ou de poisson ?
10. Est-ce un plat étranger ?

3. Name five verb forms and give an example of each form with the verb "drink". 5 points

Nomme cinq formes verbales et donne un exemple de chaque forme avec le verbe " drink ".

4. Translate: *Traduis :* 5 points

J'aimerais trouver un emploi de commis cuisinier pour le mois de septembre. Je viens de passer mon CAP cuisine, et aimerais beaucoup effectuer (faire) un stage à l'étranger.
Veuillez trouver ci-joint mon curriculum vitae.
Dans l'attente de votre réponse, ...

How does it work ?

How does it work ?
How does it work ?

Comment ça marche ?

INGREDIENTS:

Point grammatical	Page	Traité "en contexte" pages :
1 **ALPHABET & NUMBERS**	114	20 &
2 **ARTICLES** (Déterminants) / **SOME and ANY**	115	8, 15, 25, 32 (articles), 37, 42 (some & any) &
3 **PRONOUNS & POSSESSIVE ADJECTIVES**	115	9 (possessive adjectives) 77 &
• Personal pronouns		8, 9, 11 &
• Possessive pronouns		
• Reflexive pronouns		
4 **YES / NO QUESTIONS**	116	17, 22 &
5 **NOUNS & GENITIVE FORM**	116	37, 42 (nouns), 97 (genitive form), 97 &
6 **ADJECTIVES**	117	8, 47, 52 &
• The cook's & waiter's 40 adjectives and opposites		
• This / That & These / Those		37, 67
• Comparative and superlative forms	118	47, 52
7 **ADVERBS & SINCE / FOR / AGO**	118	57 (adverbs) &
8 **THOSE TRICKY WORDS!**	119	41 (how much/many) &
9 **VERB FORMS**	123	&
• BE / HAVE / HAVE GOT		8 (have), 11 (be)
• Simple present	124	17, 22, 87
• Simple past		57
• Present BE + ING		17, 22, 27, 87
• Past BE + ING		
• Expressing the future	125	27 (going to), 87 (will), 92
• Present & Past perfect		77, 80
• Can / May / Must		57, 62
• Main verb forms	126	92, 97
10 **IRREGULAR VERBS**	127	57, 62 &

1. ALPHABET & NUMBERS

THE ALPHABET *L'alphabet*

Les formes entre parenthèses servent à t'aider à prononcer l'alphabet anglais, mais ne correspondent pas aux formes phonétiques.

A *(éi)*	H *(éitch)*	O *(o)*	V *(vi)*
B *(bi)*	I *(aille)*	P *(pi)*	W *(debbeul you)*
C *(si)*	J *(djéi)*	Q *(quiou)*	X *(èx)*
D *(di)*	K *(kéi)*	R *(awre)*	Y *(ouaille)*
E *(i)*	L *(elle)*	S *(ès)*	Z *(zi / zèd)*
F *(èf)*	M *(èm)*	T *(ti)*	
G *(dji)*	N *(èn)*	U *(you)*	

THE NUMBERS *Les nombres*

1ère étape : de 0 à 20

0 : Zero prononcé " ziroe ", nought prononcé " naute ", " O " dans les numéros de téléphone.

1 : one	6 : six	11 : eleven	16 : sixteen
2 : two	7 : seven	12 : twelve	17 : seventeen
3 : three	8 : eight	13 : thirteen	18 : eighteen
4 : four	9 : nine	14 : fourteen	19 : nineteen
5 : five	10 : ten	15 : fifteen	20 : twenty

*Facile ! **De 13 à 19 : rajoute " TEEN "** ! Si tu as entre 13 et 19 ans, tu es un **" TEENAGER "**.*

2ème étape : de 0 à 20

21 : twenty-one	30 : thirty...	60 : sixty...	90 : ninety...
22 : twenty-two	40 : forty...	70 : seventy...	100 : one hundred / a hundred...
23 : twenty-three	50 : fifty...	80 : eighty...	

3ème étape : de 100 à 1,000,000,000

101 : one hundred and one / a hundred and one	1,000* : one thousand / a thousand	1,000,000 : one million / a million
102 : one hundred and two	2,001 : two thousand and one	1,000,000,000 : one thousand million / a thousand million
300 : three hundred	3,100 : three thousand one hundred	
400 : four hundred	4,101 : four thousand one hundred and one	
999 : nine hundred and ninety-nine		

** En anglais, on met des virgules aux chiffres longs.*
- *Toujours mettre **AND** après **HUNDRED.***
- *On dit toujours "un" cent / "un" mille (on dit bien "deux" cents / "deux"mille en français !)*

Pour tous les chiffres qui se terminent en :			En français :
ONE *un*	*on dit* ▸ *on écrit* ▸	FIRST 1 st	*premier* *1er*
TWO *deux*	*on dit* ▸ *on écrit* ▸	SECOND 2 nd	*second / deuxième* *2 ème*
THREE *trois*	*on dit* ▸ *on écrit* ▸	THIRD 3 rd	*troisième* *3 ème*
FOUR *quatre*	*on dit* ▸ *on écrit* ▸	FOURTH 4 th	*quatrième* *4 ème*

- *Pour tous les autres chiffres, **y compris** les chiffres 11, 12 et 13, on rajoute **"TH"**.*
  Ex.: sixth (sixième), twelfth (douxième), and... last (dernier).

DATES	TELEPHONE NUMBERS	E-mails
En 2008 se dit : "In two thousand and eight"	*Se prononcent chiffre par chiffre* *07 41 62 35 44 se lira :* "o"- seven-four-one-six-two-three-five-double four	*Un e-mail :* *arthur@restaurant.fr, se lit :* "arthur-at-restaurant-dot-fr"

2. ARTICLES / SOME and ANY

THE ARTICLE *L'article* *(Les "déterminants")*

Type d'article		*Particularité*	*Traduction*
Definite article Article défini	**THE**	prononcé "thi" devant une voyelle	**LE, LA, LES, L'**
Indefinite article Article indéfini	**A** **AN**	devant consonne devant voyelle (le N sert à faciliter la prononciation des 2 voyelles qui se suivent)	**UN / UNE**

Jamais d'article (signe "Ø") devant :
- *les noms qui expriment un ensemble ou une généralité.*
  Ex : Men like cars. *Les hommes aiment les voitures.*
- *les noms propres, les pays (sauf les noms composés :* the U.S.A., the U.K.)

SOME & ANY *(Les "Quantifieurs" = indiquent une quantité)*

" DES " ne s'exprime pas en anglais, ou se traduit par **SOME** *ou* **ANY***, qui traduisent aussi :*
DU / DE L'/ DE LA / QUELQUES / CERTAINS

SOME	*s'emploie lorsque l'on parle de ce qui existe*	There are some dirty plates on the table. *Il y a des assiettes sales sur la table.* *(Elles sont bien là).*
ANY	*s'emploie lorsque l'on parle de ce qui n'existe pas ou dont on n'est pas sûr, donc souvent dans les phrases interrogatives*	Is there any chocolate? *Y a-t-il du chocolat ?* *(On ne sait pas s'il y en a.) Par contre :* Can I have some chocolate? *Est-ce que je peux avoir du chocolat ?* *(Je sais qu'il y en a.)*
NOT ANY/ NO	*s'emploient dans les réponses négatives*	No, there isn't any chocolate / there is no chocolate. *Non, il n'y a pas de chocolat.*

3. PRONOUNS & POSSESSIVE ADJECTIVES

PERSONAL PRONOUNS *Pronoms personnels*

I	*je*	**HE**	*il*	**WE**	*nous*
YOU	*tu*	**SHE**	*elle*	**YOU**	*vous*
		IT	*neutre*	**THEY**	*ils / elles*

Pronoms personnels compléments		POSSESSIVE ADJECTIVES *Adjectifs possessifs*		POSSESSIVE PRONOUNS *Pronoms possessifs*	
He gives **me** ...	*Il me donne*	**my** cup of tea.	*ma tasse de thé.*	It is **mine.**	*C'est la mienne.*
He gives **you** ...	*Il te donne*	**your** cup of tea.	*ta tasse de thé.*	It is **yours.**	*C'est la tienne.*
He gives **him** ...	*Il lui donne (à lui)*	**his** cup of tea.	*sa tasse de thé (à lui).*	It is **his.**	*C'est la sienne (à lui).*
He gives **her** ...	*Il lui donne (à elle)*	**her** cup of tea.	*sa tasse de thé (à elle).*	It is **hers.**	*C'est la sienne (à elle).*
It		**Its**		**Its own**	
He gives **us** ...	*Il nous donne*	**our** cups of tea.	*notre tasse de thé.*	They are **ours.**	*Ce sont les nôtres.*
He gives **you** ...	*Il vous donne*	**your** cups of tea.	*vos tasses de thé.*	They are **yours.**	*Ce sont les vôtres.*
He gives **them** ...	*Il leur donne*	**their** cups of tea.	*leurs tasses de thé.*	They are **theirs.**	*Ce sont les leurs.*

REFLEXIVE PRONOUNS *Pronoms réfléchis*

myself	moi-même	**himself**	lui-même	**ourself (ourselves)**	nous-mêmes
yourself	toi-même / vous-mêmes (vouvoiement)	**herself**	elle-même	**yourself (yourselves)**	vous-mêmes
		itself	forme neutre : lui-même / elle-même	**themself (themselves)**	eux-mêmes / elles-mêmes

4. YES / NO QUESTIONS

Voir aussi le présent simple page 124.

En anglais, on ne répond que rarement juste par **Yes** *ou* **No** *à une question.*
On reprend le plus souvent le premier petit mot (auxiliaire) de la question :

Do you like leeks? *Est-ce que tu aimes les poireaux ?*

→ Yes, I **do.** ou → No, I **don't.**

Are you French? *Es-tu français(e) ?*

→ Yes, I **am.** *(N'oublie pas de conjuguer le verbe* : are → am !) *ou* → No, I'**m** not.

5. NOUNS & GENITIVE FORM

NOUNS AND THEIR PLURAL *Les noms et leur pluriel*

Les noms anglais prennent un **S** *au pluriel :*

- a plate *(une assiette)* → plate**s** *(des assiettes)*
- the bottle *(la bouteille)* → the bottle**s** *(les bouteilles)*

EXCEPTIONS :

1. Les noms qui prennent un **E** *avant le* **S** *pluriel.*

C'est le cas des noms qui se terminent par :

ch	**Ex :**	a watch *(une montre)*	→	watches *(des montres)*
sh		a brush *(une brosse)*	→	brushes *(des brosses)*
s		a kiss *(un baiser)*	→	kisses *(des baisers)*
x		a box *(une boîte)*	→	boxes *(des boîtes)*
et certains noms en **o**		a tomato *(une tomate)*	→	tomatoes *(des tomates)*

2. Les noms qui se terminent en consonne **+ y** *Le y va se transformer en* **ies** *:*

a cherry *(une cerise)* → cherries *(des cerises)*

3. Certains noms qui se terminent par **f** *ou* **fe** *Ils vont se terminer par* **ves** *au pluriel :*

a half *(un demi / une moitié)* → halves *(des moitiés)*
a knife *(un couteau)* → knives *(des couteaux)*

4. Les noms dont le pluriel est dit irrégulier :

a child *(un enfant)* → children *(des enfants)*
a man / a woman *(un homme / une femme)* → men / women *(des hommes / des femmes)*
a goose *(une oie)* → geese *(des oies)*
a foot *(un pied)* → feet *(des pieds)*
a tooth *(une dent)* → teeth *(des dents)*

5. Les noms invariables : Ex : sheep *(mouton / moutons)* - salmon *(saumon / saumons)*
"fruit" *et* "cheese" *sont invariables lorsque l'on parle des fruits ou du fromage en général.*

THE GENITIVE FORM *Le génitif : nom + 's*

La forme génitive s'emploie pour indiquer à qui appartient une chose / un animal :

Ex : Tim's dog always barks. *Le chien de (qui appartient à) Tim aboie tout le temps.*

ou un lien de parenté :

Ex : Michael is Eva's cousin. *Michael est le cousin d'Eva.*

FORME

nom du possesseur + **'s** + **nom du " possédé "**

Tim **'s** **dog**

6. ADJECTIVES *Les adjectifs*

Retiens simplement que :

1. *Les adjectifs anglais sont invariables.*
   Ex : Some white napkins. *Des serviettes blanches.*
2. *Ils se placent avant le nom.*
   Ex : I love English adjectives! *J'adore les adjectifs anglais !*

The cook's and waiter's 40 adjectives and their opposites
Les 40 adjectifs du cuisinier et du serveur et leurs contraires

	≠		≠
1. **BEAUTIFUL** *beau / belle*	**UGLY** *laid(e)*	21. **HUGE** *énorme*	**TINY** *minuscule*
2. **BIG** *grand / gros*	**SMALL / LITTLE** *petit*	22. **LARGE** *grand / important*	**SMALL** *petit*
3. **CLEAN** *propre*	**DIRTY** *sale*	23. **LIGHT** *léger (poids)*	**HEAVY** *lourd*
4. **DRY** *sec*	**WET** *mouillé* / **SWEET** *doux (vin)*	24. **LIGHT** *léger (goût)*	**STRONG** *fort (goût, ex : café)*
5. **EXPENSIVE** *cher*	**CHEAP** *bon marché* / **FREE** *gratuit*	25. **LIGHT / CLEAR** *clair*	**DARK** *foncé / sombre*
		26. **LOVELY** *joli*	**UGLY** *laid*
6. **FAINT / WEAK** *léger*	**STRONG** *fort*	27. **NICE** *beau / bon*	**BAD** *mauvais* / **UGLY** *laid*
7. **FAR** *loin*	**NEAR** *près*		
8. **FAST / QUICK** *rapide*	**SLOW** *lent*	28. **OLD** *vieux*	**YOUNG** *jeune* / **NEW** *nouveau*
9. **FAT** *gros*	**SLIM / THIN** *mince*		
10. **FAT** *gras (aliment)*	**LEAN / LOW-FAT** *maigre*	29. **RAW / UNCOOKED** *cru*	**COOKED** *cuit*
		30. **RICH** *riche*	**POOR** *pauvre*
11. **FINE** *bien / beau / bon*	**BAD** *mauvais*	31. **RIGHT** *juste*	**WRONG** *faux*
12. **FULL** *plein*	**EMPTY** *vide*	32. **SHORT** *court*	**LONG** *long*
13. **GOOD** *bien / bon*	**BAD** *mauvais*	33. **STRONG** *fort*	**WEAK** *faible* / **FAINT** *odeur*
14. **GREAT** *génial / super / grand*	**BAD** *mauvais* **SMALL** *petit*	34. **SWEET** *doux / sucré*	**SOUR** *aigre / acide* **BITTER** *amer*
15. **HANDSOME** *beau (homme)*	**UGLY** *laid*	35. **TALL** *grand (taille)*	**SMALL** *petit*
16. **HAPPY** *heureux / joyeux*	**UNHAPPY** *malheureux* / **SAD** *triste*	36. **TASTY** *qui a du goût (aliment)*	**TASTELESS** *sans goût*
		37. **TENDER** *tendre*	**TOUGH** *dur*
17. **HARD** *dur*	**SOFT** *mou*	38. **TEPID / LUKEWARM** *tiède*	
18. **HARD** *difficile*	**EASY** *facile*	39. **THICK** *épais*	**THIN** *mince*
19. **HIGH** *haut*	**LOW** *bas*	40. **TRUE** *vrai*	**FALSE** *faux*
20. **HOT / WARM** *chaud*	**COLD** *froid*		

THIS / THAT *Ce / Cet / Cette* THESE / THOSE *Ces*

THIS *Ce / Cet / Cette* **THESE** *(pluriel) Ces*	*S'emploie pour désigner ce qui est proche, précis, ou ce dont tu vas parler.*	I don't understand this question. *Je ne comprends pas cette question (celle-ci précisément).*
THAT *Ce / Cet / Cette* **THOSE** *(pluriel) Ces*	*S'emploie pour désigner ce qui est plus éloigné, ou ce dont il a déjà été question.*	It's always like that! *C'est toujours comme ça !* *(En parlant de faits qui se sont déjà produits.)*

COMPARATIVE AND SUPERLATIVE FORMS *Formes comparatives et superlatives*

	Comparative form		Superlative form	
	PLUS QUE	**MOINS QUE**	**LE PLUS**	**LE MOINS**
Pour les adjectifs : *- d'une syllabe* *- terminés en* **Y / LY / ER**	adj + er (+ THAN) ex: smaller	LESS + adj (+ THAN) ex: less small (than...)	THE + adj + EST ex: he is the smallest	THE LEAST + adj ex: the least small
Certains adjectifs ont des formes irrégulières :				
1. **BAD** *mauvais*	worse *pire*		the worst *le / la / les pire(s)*	
2. **GOOD** *bien*	better *mieux*		the best *le / la / les mieux*	
3. **FAR** *loin*	further / farther *plus loin*		the farthest / furthest *le / la / les plus loin*	
4. **LITTLE / FEW** *peu*	less *moins*		the least *le / la / les moins*	
5. **MUCH / MANY** *beaucoup*	more *plus*		the most *le / la / les plus*	
Pour tous les autres adjectifs	MORE + adj (+ THAN) ex: It is more important (than...)	LESS + adj (+ THAN) ex: It is less important (than...)	THE MOST + adj ex: It's the most important.	THE LEAST + adj ex: It's the least important.

AUSSI ... QUE — *se traduit par :* **AS** + *adj* (+ **AS**) — You're as thin as me! *Tu es aussi mince que moi !*

PAS AUSSI ... QUE — *se traduit par :* **NOT AS** + *adj* + **AS** — He's not as tall as her. *Il n'est pas aussi grand qu'elle.*

ou **NOT SO** — He's not so tall! *Il n'est pas aussi grand !*

7. ADVERBS & SINCE, FOR, AGO

ADVERBS *Les adverbes*

Quelques adverbes de fréquence :

toujours	**ALWAYS**	I always get up at seven. *Je me lève toujours à sept heures.*
souvent	**OFTEN**	I often go to bed at eleven. *Je me couche souvent à onze heures.*
jamais	**NEVER**	I never get up before six. *Je ne me lève jamais avant six heures.*
maintenant	**NOW**	I now know a few English words. *Je connais maintenant quelques mots anglais.*
rarement	**RARELY**	I rarely work on Mondays. *Je travaille rarement le lundi.*
	SELDOM	You seldom use the word " seldom ". *On utilise rarement le mot " seldom ".*
quelquefois	**SOMETIMES**	Sometimes, it's hard to be a Chef. *C'est parfois difficile d'être un cuisinier.*
habituellement	**USUALLY**	I don't usually complain. *Je ne me plains habituellement jamais.*

- *Les adverbes de fréquence se placent généralement devant le verbe,* **SAUF** *avec* **BE.**
- *S'il y a un auxiliaire, l'adverbe de temps se place entre l'auxiliaire et le verbe :*
  Ex : I don't often get up at six o'clock. *Je ne me lève pas souvent à six heures.*

Et quelques autres (qui se forment avec l'adjectif + LY) :

1. certain + LY ➜ **CERTAINLY** *(certainement)*
2. direct + LY ➜ **DIRECTLY** *(directement)*
3. easy + LY ➜ **EASILY** *(facilement)*
4. exact + LY ➜ **EXACTLY** *(exactement)*
5. happy + LY ➜ **HAPPILY** *(joyeusement, heureusement)*
6. real + LY ➜ **REALLY** *(vraiment)*
7. slow + LY ➜ **SLOWLY** *(lentement)*
8. quick + LY ➜ **QUICKLY** *(rapidement)*

SINCE / FOR / AGO *Depuis, il y a*

Depuis	**SINCE**	*Lorsque le moment du début de l'action est précisé.*	We've been here since last April. *Nous sommes ici depuis avril dernier.*
	FOR	*Lorsque l'on parle d'une durée de temps.*	We've been here for two years. *Nous sommes ici depuis deux ans.*
*Il y a**	**AGO**	*Aussi pour parler d'une durée de temps.*	We came here four years ago. *Nous sommes venus ici il y a quatre ans.*

* Ne confonds pas avec "Il y a" qui se traduit par There is / There are. Ex : There are two poached eggs. *Il y a deux œufs pochés.*

8. THOSE TRICKY WORDS!

French	English		Examples
A/A l'/Au	**AT**		I live at the corner of the street. *J'habite au coin de la rue.*
	IN	devant les villes/pays	I live in New York. *J'habite à New York.*
	TO	direction : vers	I'm going to the cinema. *Je vais au cinéma.*
À cause de	**BECAUSE OF**		This is all because of you! *Tout cela est à cause de toi !*
À côté de	**NEXT TO**		I'm sitting next to you. *Je suis assis(e) à côté de toi.*
	NEAR	" près de "	It's near the hotel. *C'est à côté de (près de) l'hôtel.*
Alors	**THEN**		You're not coming, then? *Alors, tu ne viens pas ?*
À moins que	**UNLESS**		He'll be sad, unless you come. *Il sera triste, à moins que tu viennes.*
Après	**AFTER**		After shave. *Après rasage.*
	AFTERWARDS		We'll see them afterwards. *Nous les verrons après.*
À qui	**WHOSE**		Whose raincoat is this? *A qui est cet imperméable ?*
Assez	**ENOUGH**		I've had enough! *J'en ai assez !*
	QUITE		It's quite good. *C'est assez bon.*
À travers	**ACROSS**		He has travelled across the world. *Il a voyagé à travers le monde.*
	THROUGH		To look through the window. *Regarder à travers la vitre.*
Au cas où	**IN CASE**		In case you need me! *Au cas où tu aurais besoin de moi !*
Aucun	**NO**		This has no taste. *Ceci n'a aucun goût.*
Aussi	**ALSO**		I'll also have a dessert. *Je prendrai aussi un dessert.*
	TOO	Toujours en fin de phrase !	You too! *Toi aussi !*
	SO		So do I. *Moi aussi.*
	THAT		That big? *Aussi gros / grand que ça ?*
Au sujet de / À propos de	**ABOUT**		It's about catering. *C'est au sujet de la restauration.*
Autant	**AS MUCH**	+ nom sing. (+ as + complément)	She hasn't got as much money! *Elle n'a pas autant d'argent !*
	AS MANY	+ nom pluriel (+ as + complément)	There aren't as many hotels. *Il n'y a pas autant d'hôtels.*
Autour	**(A)ROUND**		There's fruit all (a)round the cake. *Il y a des fruits tout autour du gâteau.*
Avant	**BEFORE**		I'll be there before noon. *Je serai là avant midi.*
Beaucoup	**MUCH**	+ nom singulier	There isn't much time. *Il n'y a pas beaucoup de temps.*
	MANY	+ nom pluriel	There aren't many cups. *Il n'y a pas beaucoup de tasses.*
	A LOT OF / LOTS OF (souvent dans phrases affirm.)	+ nom singulier + nom pluriel	There's a lot of wine. *Il y a beaucoup de vin.* There are lots of bottles. *Il y a beaucoup de bouteilles.*
Bien que	**ALTHOUGH**		They serve coffee although the bar is closed. *Ils servent du café bien que le bar soit fermé.*
Bientôt	**SOON**		He'll be here soon. *Il sera ici bientôt.*
Ce / Cet(te) / Ceci Ces / Ceux-ci Cela / Ça Ceux-là	**THIS THESE THAT THOSE**	Voir explications page 117	This list is too long! *Cette liste est trop longue !* I know these words. *Je connais ces mots* Do you understand that? *Vous comprenez ça ?* We don't want those! *On ne veut pas ceux-là !*
Celle/Celui Celle-ci/Celui-ci Celui-là	**THE ONE THIS ONE THAT ONE**		I want the one in the middle. *Je veux celui du milieu.* Don't you like this one? *Tu n'aimes pas celui-ci ?* That one's getting on my nerves! *Il m'énerve celui-là !*
Chaque	**EVERY**		It's the same thing every time! *C'est chaque fois la même chose !*

French	English		Examples
Chaque (Suite)	EACH		Each apple must be peeled. *Chaque pomme doit être pelée.*
Combien	HOW MUCH	+ nom singulier	How much money have you got? *Combien d'argent avez-vous ?*
	HOW MANY	+ nom pluriel	How many cars have you got? *Combien de voitures avez-vous ?*
Comme	LIKE	+ complément	It's like a pie. *C'est comme une tourte.*
	AS		Do as I do! *Fais comme moi !*
	HOW	exclamation	How nice! *Comme c'est bien / bon !*
Comment	HOW	interrogation	How are you? *Comment allez-vous ?*
	WHAT	interrogation exclamation	What? *Comment ? Quoi ?* What! You've broken the dish! *Comment ! Tu as cassé le plat !*
	SORRY?		*Lorsque tu n'as pas compris, sens de " pardon ? "*
Contre	AGAINST		We're playing against them. *Nous allons jouer contre eux.*
Dans	IN		We're in a pub. *Nous sommes dans un pub.*
	INTO	" dedans "	Pour the batter into the tin. *Versez la pâte dans le moule.*
	INSIDE	" à l'intérieur "	It's inside the box. *C'est dans la boîte.*
De / Du / De la /	OF		The top of the hill. *Le sommet de la colline.*
De l' / Des	FROM	provenance	The girl from Wales. *La fille (qui vient) du Pays de Galles.*
De façon à	IN ORDER TO		In order to win. *De façon à gagner.*
Dehors	OUT/ OUTSIDE		We'll have lunch outside. *Nous déjeunerons dehors.*
Depuis	SINCE	depuis un moment précis	She's been working since seven o'clock. *Elle travaille depuis sept heures.*
	FOR	durée	She's been here for 3 years. *Elle est ici depuis 3 ans.*
	FROM	+ lieu	She was calling him from her window. *Elle l'appelait depuis sa fenêtre.*
Dès que	AS SOON AS		I'll do it as soon as possible. *Je le ferai dès que possible.*
Donc	SO		So you're not coming? *Donc tu ne viens pas ?*
	THEREFORE	par conséquent	He burnt the cake, therefore you can't have any. *Il a brûlé le gâteau, par conséquent vous ne pouvez pas en avoir.*
En	BY		I'll come by train. *Je viendrai en train.*
	IN	avec heures/ jours/mois/ années/saisons	He did it in one hour. *Il l'a fait en une heure.* My birthday's in March. *Mon anniversaire est en mars.* Leaves fall in autumn. *Les feuilles tombent en automne.*
	WHILE		While waiting. *En attendant.*
Encore	AGAIN		Oh no, it's raining again! *Oh non, il pleut encore !*
	STILL	" toujours "	Are you still there? *Tu es encore (" toujours ") là ?*
	MORE	" plus "	A bit more? *Encore un peu ? (Un peu plus ?)*
En face (de)	OPPOSITE		The restaurant is opposite the hotel. *Le restaurant est en face de l'hôtel.*
	IN FRONT OF		We're in front of the station. *Nous sommes devant la gare.*
Enfin	AT LAST		Finished at last! *Enfin fini !*
Ensemble	TOGETHER		They did this together. *Ils ont fait cela ensemble.*
Ensuite	THEN		Then, pour the milk. *Ensuite, versez le lait.*
	NEXT		What's next? *Qu'y a-t-il ensuite ?*
En tout cas	ANYWAY	" de toute façon "	Anyway, it was very good! *En tout cas, c'était très bon / bien !*
Entre	BETWEEN		This is between you and me. *Ceci est entre vous et moi.*
Environ	ABOUT		It starts in about 5 minutes. *Cela commence dans environ 5 minutes.*
Grâce à	THANKS TO		Thanks to you! *Grâce à vous !*
Ici	HERE		Come here! *Viens ici !*

French	English		Examples
Il y a	**THERE IS** **THERE ARE**	+ singulier + pluriel	There is a spider in my soup! *Il y a une araignée dans ma soupe !*
	AGO (Voir aussi p. 118)	+ durée de temps	A week ago. *Il y a une semaine.*
Jusqu'à	**UNTIL / TILL**	+ temps	Until four o'clock. *Jusqu'à 4 heures.*
	UP TO / AS FAR AS	distance	Walk up to the post office. *Marchez jusqu'à la poste.*
Là / Là-bas	**THERE**		He's not there. *Il n'est pas là.*
Là où	**WHERE**		The salt is where you put it! *Le sel est là où tu l'as mis !*
La plupart	**MOST**	+ nom	Most men love cars. *La plupart des hommes aiment les voitures.*
Le /Laquel(les)	**WHICH**	choix entre plusieurs	Which is yours? *Lequel est le tien ?*
Le / La même	**THE SAME**		We have the same skirt! *On a la même jupe !*
Longtemps	**A LONG TIME / LONG**		We waited a long time. *Nous avons attendu longtemps.* The film lasts long. *Le film dure longtemps.*
Lorsque (+ futur en français)	**WHEN**	+ présent simple en anglais	Bring your umbrella when you come! *Prends ton parapluie lorsque tu viendras !*
Maintenant	**NOW**		It's too late now. *Il est trop tard maintenant.*
Mais	**BUT**		But it's not right! *Mais ce n'est pas juste !*
Même	**EVEN**	" même si "	Try this even if you don't like parsley! *Goûte ça même si tu n'aimes pas le persil !*
	THE SAME	le / la même	It's the same napkin. *C'est la même serviette.*
Moins	**LESS**	Voir aussi page 118	I have less time today. *J'ai moins de temps aujourd'hui.*
Ni ... Ni...	**NEITHER... NOR ...**		He's neither rich nor clever. *Il n'est ni riche, ni doué.*
Non plus	**NOT ... EITHER**		They aren't English either. *Ils ne sont pas anglais non plus.*
Où (lieu)	**WHERE**		Where are you going? *Où vas-tu ?*
Ou/Ou bien Ou ... ou	**EITHER... OR ... / OR**		You can have either cheese or a dessert. *Vous pouvez avoir du fromage ou un dessert*
Par	**BY**		By train. *Par le train. (En train.)*
	THROUGH		I learnt it through her. *Je l'ai appris par elle.*
Parce que	**BECAUSE**		Because it's like that! *Parce que c'est comme çà !*
Pas de	**NO**		We have no cream today! *On n'a pas de crème aujourd'hui !*
Pas encore	**NOT YET**		It's not ready yet. *Ce n'est pas encore prêt.*
Pendant	**FOR**		I have to work for one day. *Je dois travailler pendant une journée.*
	DURING		During the summer holidays. *Pendant les vacances d'été.*
	WHILE		Peel the apples while I slice the bananas. *Épluche les pommes pendant que je coupe les bananes.*
Pendant ce temps	**MEANWHILE**		Meanwhile, melt the butter. *Pendant ce temps, faites fondre le beurre.*
Peu	**LITTLE**	+ nom singulier	There's little time. *Il y a peu de temps.*
	FEW	+ nom pluriel	There are few customers. *Il y a peu de clients.*
	NOT MUCH	+ nom singulier	There isn't much orange juice. *Il y a peu de jus d'orange.*
	NOT MANY	+ nom pluriel	There aren't many oranges. *Il y a peu d'oranges.*
Peut-être (que)	**MAYBE**		Will you marry me? *Maybe yes, maybe no!* Veux-tu m'épouser ? *Peut-être que oui, peut-être que non !*
	PERHAPS		Perhaps it's better. *C'est peut-être mieux.*
Plus	**MORE**	Voir aussi page 118	Would you like more wine? *Voulez-vous plus de vin ?*
Plusieurs	**SEVERAL**		There are several tables free. *Il y a plusieurs tables libres.*

French	English		Examples
Pour	**FOR**		Here's a present for you. *Voici un cadeau pour toi.*
	TO	devant un verbe	What can I do to help you? *Qu'est-ce que je peux faire pour t'aider ?*
Pour que	**SO THAT**		This is so that you may learn easily. *Ceci est pour que tu puisses apprendre facilement.*
Pourquoi	**WHY**		Why did you choose this restaurant? *Pourquoi as-tu choisi ce restaurant ?*
Presque	**ALMOST**		We're almost there! *On y est presque !*
Puis	**THEN**		Then you can have a rest. *Puis, tu pourras te reposer.*
Puisque	**SINCE**		We won't eat it since it's burnt. *Nous ne le mangerons pas puisque c'est brûlé.*
Quand	**WHEN**		When are you going to stop breaking plates? *Quand vas-tu arrêter de casser des assiettes ?*
Que/ Qu'	**WHAT**		What would you like to drink? *Qu'aimeriez-vous boire ?*
	THAT	souvent elliptique	The wine (that) you served. *Le vin que vous avez servi.*
	Adj. + er + THAN Voir aussi page 118	comparatif ici "plus que"	I'm happier today than I was yesterday. *Je suis plus heureux aujourd'hui qu'hier.*
Quel(s) / Quelle(s)	**WHICH**	choix entre plusieurs	Which dish would you prefer? *Quel plat préféreriez-vous ?*
	WHAT	exclamation interrogation	What a good cook you are! *Quel bon cuisinier tu es !* What time is it? *Quelle heure est-il ?*
Quelques	**A FEW**	+ nom pluriel	There are a few plates. *Il y a quelques assiettes.*
Quoi	**WHAT**		He doesn't know what to do. *Il ne sait pas quoi faire.*
Qui	**WHO**	personne(s) sujet(s)	Who is this? *Qui est-ce ?*
	WHOM (moins employé)	personne(s) complément(s)	Whom do you know? *Qui connaissez-vous ?*
	WHICH	pour les choses	It's the recipe which is in this book. *C'est la recette qui est dans ce livre.*
Sans	**WITHOUT**		With or without sugar? *Avec ou sans sucre ?*
Seulement	**ONLY**		We only have 10 bedrooms. *Nous avons seulement 10 chambres.*
	JUST		Just you and me! *Seulement toi et moi !*
Si	**SO**		It's so good! *C'est si bon !*
	IF	conditionnel	If the weather is nice… *Si il fait beau…*
Soit…soit…	**EITHER ... OR**		There's either fish or meat. *Il y a soit du poisson, soit de la viande.*
Sous	**UNDER**		It's under your chair. *C'est sous ta/votre chaise.*
Sur	**ON**		Look on the shelf! *Regarde sur l'étagère !*
Tant	**SO MUCH**	+ nom singulier	So much money! *Tant d'argent !*
	SO MANY	+ nom pluriel	So many girls! *Tant de filles !*
Tout / Tous	**ALL**	+ pluriel ou singulier	That's nearly all. *C'est presque tout.*
	EVERY	+ singulier	We clean the windows every day. *Nous nettoyons les fenêtres tous les jours.*
Tous (les) deux	**BOTH**		You are both welcome. *Vous êtes tous les deux bienvenus.*
Très	**VERY**		That's very satisfactory. *C'est très satisfaisant.*
Trop(de)	**TOO**	+ adjectif/ adverbe	This soup is too hot! *Cette soupe est trop chaude !*
	TOO MUCH	+ nom singulier	Don't drink too much! *Ne bois pas trop !*
	TOO MANY	+ nom pluriel	There are too many waiters! *Il y a trop de serveurs !*
Un peu de	**A LITTLE**		A little vinegar, please. *Un peu de vinaigre, s'il vous plaît.*
Vers	**TOWARDS**		They are walking towards the beach. *Ils se dirigent (marchent) vers la plage.*

9. VERB FORMS *Les formes verbales*

THE VERBS BE and HAVE *Les verbes être et avoir*

TO BE *Être*

Présent – Forme affirmative				Prétérit (qui exprime le passé en général) – affirmative		négative		interrogative	
I	am	(I'm)	*je suis*	I	was	I	was'nt..	was	I...?
you	are	(you're)	*tu es*	you	were	you	weren't	were	you...?
he		(he's)	*il est*	he		he			he...?
she	is	(she's)	*elle est*	she	was	she	wasn't	was	she...?
it*		(it's)	*il / elle / c'est*	it		it			it...?
we		(we're)	*nous sommes*	we		we			we ...?
you	are	(you're)	*vous êtes*	you	were	you	weren't	were	you...?
they		(they're)	*ils / elles sont*	they		they			they ...?

- *"It" *s'emploie pour désigner des éléments inanimés et les animaux dont on ne connaît pas le sexe. Il peut donc se traduire par il / elle / c', ce.*
- "Am / is / are" *deviennent auxiliaires pour construire le présent en* **BE + ING** (voir page 124).
  "Was / were" *deviennent auxiliaires pour construire le prétérit en* **BE + ING** (voir page 124).

Présent : autres formes

Forme négative				Forme interrogative		Forme interro-négative : 2 possibilités			
I'm	**not**	(I am not)	*je ne suis pas*	am	I ...?	am	I not ...?	aren't	I ... ?
you	**aren't**	(you are not)	*tu n'es pas*	are	you ... ?	are	you not ...?	aren't	you ... ?
he		(he is not)	*il n'est pas*		he ... ?		he not ...?		he ...?
she	**isn't**	(she is not)	*elle n'est pas*	is	she ...?	is	she not ...?	isn't	she ... ?
it		(it is not)	*il / elle / ce n'est pas*		it ...?		it not ...?		it ... ?
we		(we are not)	*nous ne sommes pas*		we ... ?		we not ...?		we ...?
you	**aren't**	(you are not)	*vous n'êtes pas*	are	you ... ?	are	you not ... ?	aren't	you ...?
they		(they are not)	*ils ne sont pas*		they ... ?		they not ... ?		they ...?

HAVE *Avoir*

Présent : Forme affirmative					Forme négative		Forme interrogative			Prétérit	
I	have	I	've	*j'ai*	I	haven't	do	I	have ... ?	I	
you		you		*tu as*	you			you		you	
he		he		*il a*	he			he		he	
she	has	she	has*	*elle a*	she	hasn't	does	she	have ... ?	she	had
it		it		*il / elle a*	it			it		it	
we		we		*nous avons*	we			we		we	
you	have	you	've	*vous avez*	you	haven't	do	you	have ... ?	you	
they		they		*ils / elles ont*	they			they		they	

* On évite de contracter "he has / she has / it has" pour ne pas confondre avec le verbe être.
- "Have" et "has" deviennent auxiliaires pour construire le "Present perfect". (Voir page 125.)
- "Had" devient auxiliaire pour construire le "pluperfect" (had + participe passé). (Voir page 126.)

HAVE GOT s'emploie très couramment dans le sens de avoir (posséder).

I've got	I haven't got	have I got?
he's got	he hasn't got	has he got?

SIMPLE PRESENT AND SIMPLE PAST *Présent simple et prétérit simple*

SIMPLE PRESENT *Présent simple*

SENS :

- *décrit un état de fait ou une généralité valables aujourd'hui.*

Ex : I love New York. *J'adore New York.*
Boys like football. *Les garçons aiment le football.*

- *ou un fait qui se répète ou qui est permanent.*

Ex : I go swimming every week.
Je nage (vais nager) toutes les semaines.

FORMES

affirmative	négative	interrogative
I / you — cook	I / you — **don't** cook	**do** — I / you — cook?
he / she / it — cook**s**	he / she / it — **doesn't** cook	**does** — he / she / it — cook?
we / you / they — cook	we / you / they — don't cook	do — we / you / they — cook?

Attention !

- *Toujours un s à la 3ème personne du singulier.*
- *Auxiliaire* **DO** *dans toutes les formes négatives et interrogatives. Devient* **DOES** *à la 3ème personne* (don't = do not, doesn't = does not).

Note qu'à la 3ème personne du singulier :

- *Les verbes en SS / SH / CH / X / Z prennent "es".*

Ex : She brushes her hair.
Elle se brosse les cheveux. (brush ➜ brushes)

- *Les verbes terminés en CONSONNE + Y changent leur Y en "ies".*

Ex : He always carries her bag.
Il porte toujours son sac (à elle). (carry ➜ carries)

SIMPLE PAST *Prétérit simple*

SENS :

- *décrit un état de fait ou une généralité valables dans le passé.*

Ex : We invited them last week.
On les a invités la semaine dernière.

- *un fait qui se répétait ou qui était permanent, et ne se produit plus aujourd'hui.*

Ex : I went swimming every week.
J'allais nager toutes les semaines.(Je n'y vais plus.)

FORMES

1. Verbes réguliers

affirmative	négative	interrogative
I / you / he / she / it / we / you / they — cook**ed**	I / you / he / she / it / we / you / they — **didn't** cook	**did** — I / you cook? / he / she cook? / it / we / you cook? / they

2. Verbes irréguliers

affirmative	négative	interrogative
I/you / he/she/it / we/you/they — went*	I / he / we — did'nt go	did — I go? / he go? / we go?

**La forme irrégulière du verbe ne s'emploie qu'à la forme affirmative.*
Facile ! Comme pour les verbes réguliers, c'est la même conjugaison à toutes les personnes.

Voir les verbes irréguliers page 127.

PRESENT AND PAST BE + ING *Présent et prétérit en BE (+ verbe) + ING*

PRESENT BE + ING *Présent en BE + ING*

SENS :

S'emploie pour parler de / décrire / commenter ponctuellement :

- *un fait qui est en train de se dérouler.*

Ex : They're having breakfast.
Ils sont en train de prendre le petit déjeuner.

- *un fait tout proche.*

Ex : I'm coming! J'arrive !

FORMES

I am / he is / we are — cooking	I'm not / he isn't / we aren't — cooking	am I / is he / are we — cooking?

PAST BE + ING *Prétérit en BE + ING*

SENS :

S'emploie pour parler de / décrire / commenter ponctuellement :

- *un fait qui était en train de se dérouler.*

Ex : They were having breakfast.
Ils étaient en train de prendre le petit déjeuner.

- *un fait qui était tout proche.*

Ex : I was coming! J'arrivais !

FORMES

I was / he was / we were — cooking	I wasn't / he wasn't / we weren't — cooking	was I / was he / were we — cooking?

EXPRESSING THE FUTURE *Expression du futur*

	Décrit :	Exemples
WILL + *verbe* **'LL** *(forme contractée)* **WON'T** *(négation)* + *verbe* WILL est un auxiliaire de modalité	*une intention, ou une décision prise au moment où l'on parle.*	**I will** (I'll) go to the cinema next week. *J'irai au cinéma la semaine prochaine. (J'en ai l'intention.)*
	une prédiction / déduction	**He will** come, but she **won't.** *Il viendra, mais pas elle. (C'est ce que je déduis de ce que je connais d'eux.)*
BE + **GOING TO** + verbe	*une action qui va se réaliser, qui est programmée*	**I'm going to** paint my bedroom. *Je vais peindre ma chambre. (C'est programmé.)*
Présent en **BE** + verbe + **ING** (Voir aussi page 124)	*une action toute proche (qui peut avoir déjà commencé)*	We're cleaning the cupboards. *Nous allons nettoyer les placards. (On peut déjà avoir les éponges en main !)*

PRESENT PERFECT *Le "present perfect" (Présent HAVE + Participe passé)*

SENS

Permet de parler du présent lorsque celui-ci est relié au passé :

- *soit parce que ce dont on parle a commencé dans le passé,*

Ex : I have started a new job.
J'ai commencé un nouveau travail. (Je l'ai commencé dans le passé et j'y suis encore.)

- *soit parce que ce qui s'est passé entraîne une conséquence sur le présent,*

Ex : I've broken the chair. J'ai cassé la chaise. *(On ne peut plus s'en servir.)*

FORME *: pour tous les verbes :* **HAVE** *présent + participe passé du verbe*

Forme affirmative		Forme négative		Forme interrogative		
I have (I've) you've she / he / It we've you've they've	cooked ...	I have not (haven't) you haven't she / he / It hasn't we haven't you haven't they haven't	cooked ...	Have Has Have	I you she / he / it we you they	cooked ...?

CAN / MAY / MUST

	Sens	*Exemples*	*Equivalents à employer dans les formes autres que le présent*	*Exemples de formes autres que le présent avec les équivalents*
CAN	*être capable de* (be able to)	I can ski. *Je peux (sais) skier.*	**COULD** *au passé* **BE ABLE TO** *pour les autres formes*	I could ski. *Je pouvais skier.*
	permission / autorisation	You can come. *Tu peux venir.*		You will be able to come. *Vous pourrez venir.*
MAY	*permission / autorisation* (be allowed to)	You may go. *Tu peux partir / y aller.*	**MIGHT** + *present perfect* **BE ALLOWED TO** *pour le passé et les autres formes*	You were allowed to go. *Vous pouviez partir.*
	Probabilité	It may rain. *Il se peut qu'il pleuve.*		It might have rained. *Il aurait pu pleuvoir.*
MUST	*obligation* (have to / have got to)	He must stay. *Il doit rester.*	**HAVE (GOT) TO** *au présent seulement* **HAVE TO**	He will have to stay. *Il devra rester.*
	forte probabilité	You must be wrong! *Tu dois te tromper !*		You had to be wrong! *Tu devais te tromper !*

- CAN / MAY et MUST *(comme WILL) sont des auxiliaires de modalité.*
- *Ils sont invariables (même conjugaison à toutes les personnes), ne sont jamais suivis ou précédés de TO, et sont toujours suivis d'un verbe (qui peut être sous-entendu).*

MAIN VERB FORMS *Principales formes verbales*

1. EXPRESSION DU PRÉSENT

SIMPLE PRESENT Présent simple	sujet + verbe infinitif 3° personne : sujet + verbe infinitif + S	I work. Je travaille. She works. Elle travaille.
PRESENT BE + VERB + ING Présent en ING	Sujet + BE au présent + verbe + ING	I'm working. Je suis en train de travailler.
IMPÉRATIVE FORM	*verbe infinitif*	Work! Don't work! *Travaille ! Ne travailles pas !*

2. EXPRESSION DU PASSÉ ou du PRÉSENT RELIÉ AU PASSÉ

SIMPLE PAST *Prétérit simple*	**Verbes réguliers :** *Sujet + verbe infinitif* + ED **Verbes irréguliers** : voir page 125	I worked. *Je travaillais. / J'ai travaillé.* She said hello. Elle a dit bonjour.
WAS / WERE + ING *Prétérit en ING*	*Sujet* + WAS / WERE + *verbe* + ING	I was working. *J'étais en train de travailler.*
PRESENT PERFECT *Présent en HAVE + participe passé*	**Sujet** + HAVE *présent + participe passé du verbe*	I have worked. *J'ai travaillé.*

Il y a aussi :

PAST PERFECT / PLUPERFECT *Passé en HAD + participe passé*	*Sujet* + HAD + *participe passé du verbe*	I had worked. *J'avais travaillé.*
HAVE JUST + *verbe*	HAVE *au présent* + JUST + *participe passé du verbe*	I have just worked. *Je viens de travailler.*
HAD JUST + *verbe*	HAD + JUST + *participe passé du verbe*	I had just worked. *Je venais de travailler.*

3. EXPRESSION DU FUTUR

FORME AVEC WILL	*Sujet* + WILL + *verbe infinitif*	I will work. / I'll work. *Je travaillerai.*
FORME AVEC BE + GOING TO	sujet + BE présent + GOING TO + *verbe infinitif*	I'm going to work. *Je vais travailler. (C'est programmé.)*
FORME WAS / WERE GOING TO *(notion de futur situé par rapport à un moment dans le passé)*	sujet + WAS / WERE + GOING TO + *verbe infinitif*	I was going to work. *J'allais travailler.*

4. EXPRESSION DU CONDITIONNEL

FORME AVEC WOULD	*sujet* + WOULD + *verbe infinitif*	I would work. *Je travaillerais.*

Retiens bien :

	Construction	Exemples
PRESENT PARTICIPLE *Participe présent*	*verbe* + ING	working *travaillant*
PAST PARTICIPLE *Participe passé*	**Verbes réguliers** : verbe + ED **Verbes irréguliers** : *voir 3ème colonne des verbes page 127.*	worked *travaillé*

* Attention : les traductions d'exemples indiqués dans cette page ne sont qu'indicatives. En fonction du contexte, d'autres traductions peuvent convenir.

IRREGULAR VERBS *Les verbes irréguliers*

1. **BE** *être*	was *pluriel :* were	been	36. **LEAVE** *quitter / laisser*	left	left
2. **BEAT** *battre*	beat	beaten	37. **LEND** *prêter*	lent	lent
3. **BECOME** *devenir*	became	become	38. **LET** *laisser / permettre*	let	let
4. **BEGIN** *commencer*	began	begun	39. **LIGHT** *allumer / éclairer*	lit	lit
5. **BIND** *lier*	bound	bound	40. **LOSE** *perdre*	lost	lost
6. **BITE** *mordre*	bit	bitten	41. **MAKE** *faire / fabriquer*	made	made
7. **BREAK** *casser*	broke	broken	42. **MEAN** *signifier / vouloir dire*	meant	meant
8. **BRING** *apporter*	brought	brought	43. **MEET** *rencontrer*	met	met
9. **BURN** *brûler*	burnt	burnt	44. **PAY** *payer*	paid	paid
10. **BUY** *acheter*	bought	bought	45. **PUT** *mettre*	put	put
11. **CHOOSE** *choisir*	chose	chosen	46. **READ** *lire*	read	read
12. **COME** *venir*	came	come	47. **RISE** *se lever*	rose	risen
13. **COST** *coûter*	cost	cost	48. **RUN** *courir, couler (aliments)*	ran	run
14. **CUT** *couper*	cut	cut	49. **SAY** *dire*	said	said
15. **DO** *faire*	did	done	50. **SEE** *voir*	saw	seen
16. **DRINK** *boire*	drank	drunk	51. **SELL** *vendre*	sold	sold
17. **EAT** *manger*	ate	eaten	52. **SEND** *envoyer*	sent	sent
18. **FALL** *tomber*	fell	fallen	53. **SET** *mettre / poser / placer*	set	set
19. **FEED** *nourrir*	fed	fed	54. **SHAKE** *secouer*	shook	shaken
20. **FEEL** *(se) sentir*	felt	felt	55. **SHOW** *montrer / indiquer*	showed	shown
21. **FIND** *trouver*	found	found	56. **SHUT** *fermer*	shut	shut
22. **FORGET** *oublier*	forgot	forgotten	57. **SIT** *s'asseoir*	sat	sat
23. **FREEZE** *geler*	froze	frozen	58. **SLEEP** *dormir*	slept	slept
24. **GET** *obtenir / aller chercher*	got	got / gotten US	59. **SMELL** *sentir (une odeur)*	smelt	smelt
25. **GIVE** *donner*	gave	given	60. **SPEAK** *parler*	spoke	spoken
26. **GO** *aller*	went	gone	61. **SPEND** *dépenser / passer le temps*	spent	spent
27. **GRIND** *moudre / aiguiser*	ground	ground	62. **SPILL** *renverser*	spilt	spilt
28. **HANG** *pendre*	hung	hung	63. **SPREAD** *étaler / étendre / répandre*	spread	spread
29. **HAVE** *battre*	had	had	64. **STAND** *être debout*	stood	stood
30. **HEAR** *entendre*	heard	heard	65. **STICK** *coller*	stuck	stuck
31. **HOLD** *tenir*	held	held	66. **SWEEP** *balayer*	swept	swept
32. **KEEP** *garder*	kept	kept	67. **TAKE** *prendre*	took	taken
33. **KNOW** *savoir / connaître*	knew	known	68. **TELL** *dire / raconter*	told	told
34. **LAY** *mettre / poser / dresser*	laid	laid	69. **THINK** *penser*	thought	thought
35. **LEARN** *apprendre*	learnt	learnt	70. **WRITE** *écrire*	wrote	written

RESTAURANT AND KITCHEN VERBS

LES VERBES DU RESTAURANT ET DE LA CUISINE

FRANÇAIS - ANGLAIS

• abaisser (la pâte au rouleau)	• to roll out (the pastry)
absorber	to absorb
accommoder	to do up (une sauce) / to dress (une salade) / to season
accompagner	to go with (something) / to accompany
additionner	to add (up)
- additionner de	- to augment with
agiter	to shake
aider	to help
aiguiser (un couteau)	to sharpen (a knife)
aimer	to like
allonger / détendre (une sauce)	to extend (a sauce)
allumer	to turn on (four) / to light (feu)
alterner	to alternate
aplatir	to flatten
aromatiser	to aromatize / to flavour (with)
arrêter	to stop
arroser	to baste (le rôti)
assaisonner	to season (with)
attacher	to attach
attendre	to wait
avoir besoin de	to need / to require
• badigeonner (de)	• to brush over (with)
barder	to lard
battre	to beat / to whisk up (blancs d'œufs en neige)
beurrer	to butter
blanchir	to whiten / to blanch
boire	to drink
bouillir	to boil
braiser	to braise
broyer	to grind
brûler	to burn
• cailler (lait)	• to curdle (milk)
caraméliser	to caramelize
casser	to break
chauffer	to heat (up) / to warm (up)
chauffer au bain-marie	to heat in a double boiler / to heat in a " bain-marie "
chercher	to look for
coller	to stick
colorer	to colour
commencer	to start / to begin
concasser	to crush / chop / grind
condimenter	to season / to condiment
confectionner	to prepare / to make
confire	to candy / to crystallize
conserver	to keep
contenir	to contain
couper	to cut
- couper grossièrement	- to cut coarsely
- couper menu	- to cut finely
- couper en dés	- to dice
- couper en lanières	- to shred / to cut into thin strips
- couper en rondelles	- to slice
- couper en tranches	- to slice
couvrir	to cover (with)
creuser	to hollow (out) / to scoop out
cuire	to cook
- cuire à la cocotte	- to pot roast
- cuire à la vapeur	- to steam
- cuire à l'étouffée	- to stew
- cuire au four	- to bake
- cuire en ragoût / sauce	- to stew
cuisiner	to cook
• débarrasser	• to remove
déborder	to boil over / to overflow
décanter	to decant
décongeler	to thaw / to defrost
décorer	to decorate
décortiquer (crevettes roses)	to shell (prawns) / to husk

ENGLISH - FRENCH

to :	
• absorb	• absorber
accompany	accompagner
add (up)	additionner
allow to	permettre / laisser
alternate	alterner
aromatize	aromatiser
arrange	disposer / dresser
attach	attacher
augment with	additionner de
avoid	éviter
• bake	• cuire au four
baste (the roast)	arroser (le rôti)
be careful	faire attention
beat	battre
become	devenir
begin	commencer
bind	lier
blacken	noircir
blanch	blanchir / émonder (amande)
blend	mélanger
boil	bouillir
- boil over	- déborder
bone (out)	désosser
braise	braiser / étuver (viande)
break	casser
bring to the boil	porter à ébullition
broil	griller
brown	faire revenir / rissoler / roussir
brush over (with)	badigeonner (de)
burn	brûler
butter	beurrer
• candy	• confire
caramelize	caraméliser
carry	porter
carve	découper
chill (champagne, wines)	frapper (champagne, vins) / rafraîchir
chop	hacher / concasser
clean	nettoyer
clean out (fish)	évider (poisson) / vider
clear	éclaircir
coat (with)	enduire / enrober / napper / recouvrir (de)
- coat with breadcrumbs	- paner
colour	colorer / dorer
combine	mélanger (des ingrédients)
condiment	condimenter
contain	contenir
cook	cuire / cuisiner
- cook golden brown	- dorer
cool	rafraîchir
- cool off	- refroidir
core (apples, chicken)	évider (pommes, poulet)
correct (seasoning)	rectifier (l'assaisonnement)
cover (with)	couvrir
- cover again (with a lid)	- recouvrir (avec un couvercle)
- cover with sauce	- napper
crumble	émietter
crush	concasser / écraser
crystallize	cristalliser / confire
curdle (to go lumpy)	cailler (lait) / figer (un liquide) / former des grumeaux , (se) grumeler / saisir (crème)
cut (up)	couper / tailler
- cut coarsely	- couper grossièrement
- cut finely	- couper finement
- cut into slivers	- émincer
- cut into thick slices	- tronçonner
- cut into thin strips	- couper en lanières
- cut up	- découper / dépecer
• dampen	• humecter

RESTAURANT AND KITCHEN VERBS

LES VERBES DU RESTAURANT ET DE LA CUISINE

FRANÇAIS - ANGLAIS

découper	to cut (up) / to carve
déglacer	to deglaze
dégorger (faire -)	to soak in water (viande) / to sweat with salt (concombre)
dégraisser	to remove / trim the fat
déguster (un vin)	to taste (a wine) / (un repas) to enjoy (a meal)
délayer	to mix (up) with liquid
démouler	to turn out (from the mould)
dénerver	to remove the nerves
dénoyauter	to stone (GB) / to pit (US)
dépasser	to exceed
dépecer	to cut up
dépêcher (se -)	to hurry up
désosser	to bone (out)
dessécher	to dry
devenir	to become
digérer	to digest
diluer	to dilute
diminuer	to reduce
disposer	to arrange / to set out
dissoudre	to dissolve
diviser	to divide
donner	to give
dorer	to colour / cook golden brown
dresser (une table)	to set up / lay / arrange a table
durer	to last
• écailler	• to scale (poisson)
écaler	to shell (œufs)
éclaircir	to clear / (soups) to thin (with milk or water)
écosser	to pod / shuck (petits pois) / to shell
écouter	to listen
écraser	to crush / to squash
écrémer	to skim
écumer	to skim
- écume	- scum / froth
édulcorer	to sweeten
effeuiller	to remove the leaves from
effiler	to shred (amandes, légumes) / to string (haricots)
effriter	to flake
égoutter	to drain
éliminer	to eliminate
emballer	to wrap (up)
émietter	to crumble
émincer	to slice thinly /to cut into slivers
émonder	to clean / blanch
empêcher	to prevent (from)
enduire	to smear (with) / to coat (with)
enlever	to remove
enrober	to coat (with)
enrouler	to roll (up)
envoyer	to send
épaissir	to thicken
épépiner	to seed
éplucher	to peel / to pare
équeuter	to remove the stalk
essuyer	to wipe
étaler	to spread (out) / to lay (out)
éteindre	to turn off / to switch off
étendre (la pâte)	to roll out the pastry
étuver	braise (meat) / steam (potatoes)
évaporer	to evaporate
évider	to clean out, gut (poisson) / to scoop out / to core (pommes, poulet)
éviter	to avoid
extraire	to extract
• faire	• to do / to make
- faire attention	- to be careful
- faire frémir	- to simmer

ENGLISH - FRENCH

decant	décanter
decorate (with)	décorer / garnir
decrease	diminuer
defrost	décongeler
deglaze	déglacer
dice	couper en dés
digest	digérer
dilute	diluer
dip	tremper (du pain)
dissolve	dissoudre
divide	diviser / partager
do	faire
- do the dishes	- faire la vaisselle
- do up (a sauce)	- accommoder (une sauce)
- do well	- bien faire / réussir
drain	égoutter
dress (a salad)	accommoder (une salade)
drink	boire
drop	faire tomber
dry	dessécher / sécher
• eat	• manger
eliminate	éliminer
empty	vider
enjoy (a meal)	déguster (un repas)
evaporate	évaporer
exceed	dépasser
extend (a sauce)	allonger / détendre (une sauce)
extract	extraire
• fail	• manquer (ne pas réussir)
fall	tomber
feed	nourrir
fill (with)	fourrer (de)
filter	filtrer
finish	finir
fix	préparer
flake	effriter
flame	flamber
flatten	aplatir
flavour (with)	aromatiser (de)
- flavour with mustard	- moutarder
flour	fariner
fold / fold in	plier / mélanger délicatement
forget	oublier
form	former
freeze	geler
frost (a cake)	glacer (un gâteau)
fry	poêler / frire / (faire) rissoler
- deep fry	frire / faire frire
- fry gently	- faire revenir
- fry quickly over fierce heat	- saisir
• garnish (with)	• garnir
- garnish with truffles	- truffer
get	obtenir
give	donner
glaze	glacer
go with (something)	accompagner (quelque chose)
grate (cheese)	râper (du fromage)
gratinate	gratiner
grease	graisser
grill	griller
grind	broyer / concasser / moudre
gut	vider
• have a delicious meal	• se régaler
have a slapup meal	se régaler (GB)
harden (again)	raffermir
heat (up)	chauffer
- heat in a double boiler	- chauffer au bain-marie
help	aider
hold	tenir

Continued *Suite*

RESTAURANT AND KITCHEN VERBS
LES VERBES DU RESTAURANT ET DE LA CUISINE

FRANÇAIS - ANGLAIS

- faire la vaisselle	- to do (to wash) the dishes
- faire revenir	- to brown / to fry gently
farcir	to stuff
fariner	to flour
ficeler	to tie up with string
figer	to curdle (un liquide)
filtrer	to filter
finir	to finish
flamber	to flame / singe (volaille) / " flamber "
fondre	to melt
former	to form / to shape (into)
former des grumeaux	to curdle (to go lumpy)
fouetter	to whip / to whisk (crèmes, blancs d'œufs)
fourrer (de)	to fill (with)
frapper	to chill (champagne, vin)
frire (faire frire)	to fry / to deep fry
frotter	to rub
fumer	to smoke
• garder	• to keep
garnir	to garnish with / to decorate
gaspiller	to waste
gâter	to spoil
geler	to freeze
goûter	to taste
glacer	to ice / to glaze / to frost (un gâteau)
graisser	to grease / to oil
gratiner	to gratinate
griller (du pain)	to toast (bread) / to grill / broil
grumeler (se)	to curdle
• hacher	• to mince (avec un appareil) / to chop (au couteau)
homogénéiser	to homogenize
huiler	to oil
humecter	to moisten / to dampen
• imbiber	• to imbibe
incorporer	to incorporate
infuser	to infuse
introduire	to insert
• laisser	• to leave / to let / to allow to
larder	to lard
laver	to wash
lever	to rise (gâteaux)
lier	to bind / to thicken (une sauce)
lisser	to smooth
• macérer	• to macerate / to steep (cornichons)
malaxer	to knead (la pâte) / to work (le beurre)
manger	to eat
manquer	to fail (ne pas réussir)/ to lack (ne pas avoir)
mariner	to marinate / to steep
mélanger	to mix / blend / combine
- mélanger délicatement	to fold in
mesurer	to measure
mettre	to put / to set
- mettre de côté	- to put (set) aside
- mettre en réserve	- to store
- mettre la table	- to lay / set the table
mijoter	to simmer (cook over low heat)
mitonner	to simmer
monder	to remove the skin by boiling to hull / to husk (décortiquer)
monter	to work up
- monter des blancs d'œufs en neige	- to whisk up egg whites
montrer	to show

ENGLISH - FRENCH

hollow (out)	creuser
homogenize	homogénéiser
hull	monder
hurry up	se dépêcher
husk	décortiquer
• ice	• glacer
imbibe	imbiber
incorporate	incorporer
infuse	infuser
insert	introduire
• keep	• garder / conserver / tenir
knead (the batter)	malaxer / pétrir / travailler (la pâte)
know	savoir
• lack	• manquer (ne pas avoir)
lard	barder / larder
- lard with	- piquer de
last	durer
lay (out)	étaler
- lay the table	- mettre la table
leave	laisser
lend	prêter
let	laisser
light (fire)	allumer (feu)
like	aimer
listen	écouter
look	regarder
- look after	- s'occuper de
- look for	- chercher
loose	perdre
• macerate	• macérer
make	faire / confectionner /préparer
marinate	mariner
measure	mesurer
melt	fondre
mill (coffee, pepper)	moudre (café, poivre)
mince	hâcher
mix	mélanger / travailler (l'appareil)
- mix (up) with liquid	- délayer
moderate	tempérer
moisten	humecter / mouiller
mold	pourrir
mould	mouler
• need	• avoir besoin de
neglect	négliger
notice	remarquer
• obtain	• obtenir
oil	graisser / huiler
open	ouvrir
overflow	déborder
• pare	• éplucher
pasteurize	pasteuriser
pay	payer
peel	éplucher / peler
pepper	poivrer
pit (US)	dénoyauter
place	placer
poach	pocher
pod (peas)	écosser (des petits pois)
pound	piler
pour	verser
pot roast	faire cuire à la cocotte
prefer	préférer
prepare	préparer / confectionner
present	présenter
press	presser
prevent (from)	empêcher (de)
produce	produire

RESTAURANT AND KITCHEN VERBS

LES VERBES DU RESTAURANT ET DE LA CUISINE

FRANÇAIS - ANGLAIS

moudre	to grind / to mill (café, poivre)
mouiller	to add liquid / to moisten / to wet
mouler	to mould / to shape
moutarder	to flavour with mustard
• napper	• to coat / to cover with sauce
négliger	to neglect
nettoyer	to clean
noircir	to blacken
nourrir	to feed
• obtenir	• to get / to obtain
s'occuper de	to look after / to take care of
orner	to decorate (with)
ôter	to take off / to remove
oublier	to forget
ouvrir	to open
paner	to coat with breadcrumbs
parsemer	to sprinkle
partager	to share / to divide
passer	to strain
- passer au tamis	- to sieve (through a sieve) to sift
pasteuriser	to pasteurize
payer	to pay
peler	to peel
perdre	to loose
persiller	to sprinkle with chopped parsley
peser	to weigh
pétrir	to knead (la pâte)
piler	to pound
piquer (de)	to lard (with) / to stick (ail, clou de girofle)
placer	to place
plier	to fold
pocher	to poach
poêler	to fry / deep fry
poivrer	to pepper
porter	to carry
- porter à ébullition	- to bring to the boil
pourrir	to mold / to rot / to spoil
pousser	to push
préférer	to prefer
prendre	to take
préparer	to prepare / to make / to fix
présenter	to present
presser	to press / to squeeze
prêter	to lend
produire	to produce
pulvériser	to pulverize
• râcler	• to scrape
raffermir	to harden (again) / to stiffen
rafraîchir	to chill / to cool
ramollir	to soften
râper	to grate (du fromage) / to shred (des carottes)
réchauffer	to reheat
recommencer	to start again
recouvrir	to cover (again) with a lid (avec un couvercle)
- recouvrir de	- to coat with / to top with (sauce)
rectifier (l'assaisonnement)	to correct (the seasoning)
recuire	to recook
réduire	to reduce
refroidir	to cool (off)
régaler (se -)	to have a delicious meal / to have a slapup meal (GB)
regarder	to look
régler (la température)	to regulate (the temperature)
relever (une sauce)	to season / to spice

ENGLISH - FRENCH

pulverize	pulvériser
push	pousser
put	mettre
- put aside	- mettre de côté
- put back	- mettre de côté
• rain in	• faire tomber en pluie
recook	recuire
reduce	réduire / diminuer
regulate (the temperature)	régler (la température)
reheat	réchauffer
remain	rester
remove	débarrasser / enlever / ôter / retirer
- remove / trim the fat	- dégraisser
- remove the leaves from	- effeuiller
- remove the nerves	- dénerver
- remove the stalk	- équeuter
replace	replacer
require	avoir besoin de
reserve	réserver
rise (cakes)	lever (gâteaux)
roast	rôtir
roll	rouler
- roll out (the pastry)	- abaisser (la pâte au rouleau) / étendre (la pâte)
- roll (up)	- enrouler
rot	pourrir
rub	frotter
• salt	• saler
scale	écailler (poisson)
scoop out	creuser / évider
scrape	râcler
season (with)	accommoder / assaisonner (de) / condimenter / relever (une sauce)
see	voir
seed	épépiner
send	envoyer
separate	séparer
serve (up)	servir
set (the table)	mettre (la table)
- set aside	- mettre de côté
set out	disposer
set up	dresser (la table)
shake	agiter / remuer
- shake up	- secouer
shape (into)	former / mouler
share	partager
sharpen (a knife)	aiguiser (un couteau)
shell	décortiquer / écailler / écosser
show	montrer
shred	couper en lanières / effiler (amandes, légumes) / râper (carottes)
shuck (peas)	écosser (des petits pois)
sieve (through a sieve)	passer au tamis / tamiser
sift	passer au tamis / tamiser
simmer	faire frémir / mijoter / mitonner
singe	flamber (volaille)
skim	écrémer
- scum / froth	- écume
slice	couper en rondelles / couper en tranches
- slice thinly	- émincer
smear (with)	enduire
smell	sentir (une odeur)
smoke	fumer
smooth	lisser
soak (in water)	faire dégorger (viande) / tremper
soften	ramollir
solidify	solidifier

RESTAURANT AND KITCHEN VERBS

LES VERBES DU RESTAURANT ET DE LA CUISINE

FRANÇAIS - ANGLAIS

remarquer	to notice
remettre	to put back
remplacer	to replace
remplir	to fill
remuer	to stir (un liquide)
renverser	to spill / to turn upside down (a cream) / to knock over (faire tomber)
replacer	to replace
réserver	to reserve
rester	to stay / to remain
retirer	to remove
retourner	to turn over (un steak) / to toss (une crêpe, une omelette)
réussir	to succeed
revenir (faire revenir)	to brown / to fry gently
rissoler	to brown / to fry
rôtir	to roast
rouler	to roll
roussir	to brown
• saisir	• to fry quickly (over fierce heat) (une viande) to curdle (une crème)
saler	to salt
saupoudrer	to sprinkle
sauter	to " sauté " / shallow fry
savoir	to know
sécher	to dry
secouer	to shake (up)
sentir (une odeur)	to smell (a smell)
séparer	to separate
serrer	to tighten
servir	to serve (up) / wait
solidifier	to solidify
stériliser	to sterilize
suer	to sweat
• tailler	• to cut / to cut up
tamiser	to sieve / to sift
tartiner	to spread
tempérer	to moderate
tenir	to hold / to keep
- tenir debout	- to stand
tomber	to fall
- faire tomber	- to drop
- faire tomber en pluie	- to rain in
tourner	to turn (over) une grillade / to stir (un mélange liquide) /
travailler	to work
- travailler la pâte	- to mix (l'appareil) / to knead (la pâte)
tremper	to soak / to dip (du pain) / to steep
tronçonner	to cut into thick slices
truffer	to garnish with truffles
• user (de)	• to use / to wear out (se détériorer)
utiliser	to use
• vaporiser	• to vaporize
verser	to pour
vider	to empty / to gut / to clean out (poisson)
voir	to see
vouloir	to want

ENGLISH - FRENCH

spice	relever (une sauce)
spread (out)	étaler / tartiner
sprinkle	arroser / parsemer / saupoudrer
- sprinkle with chopped parsley	- persiller
spoil	gâter / pourrir
squash	écraser
squeeze	presser
stand	tenir debout
start	commencer
- start again	- recommencer
stay	rester
steam	cuire à la vapeur / étuver
steep (pickles)	macérer (cornichons) / mariner / tremper
sterilize	stériliser
stew	cuire à l'étouffée / étuver / cuire en ragoût
stick	coller / piquer de (ail, clou de girofle)
stir	tourner (une pâte)
stone (GB)	dénoyauter
stop	arrêter
store	mettre en réserve
strain	passer
string (beans)	effiler (les haricots)
stuff	farcir
succeed	réussir
sweat	suer
sweat (with salt)	faire dégorger (concombre)
sweeten	édulcorer
switch off	éteindre
• take	• prendre
- take care of	- s'occuper de
- take off	- ôter
taste	goûter / déguster (un vin)
thaw	décongeler
thicken	épaissir / lier (une sauce)
thin (with millk or water)	éclaircir (avec lait / eau)
tie (up with string)	ficeler
tighten	serrer
toast (bread)	griller (du pain)
top (with)	recouvrir (de) (sauce)
toss (a pancake, an omelette)	retourner (une crêpe, une omelette)
turn off	éteindre
turn on (oven)	allumer (four)
turn out (from the mould)	démouler
turn over (a steak)	retourner (un steak) / tourner
• use	• utiliser / user de
• vaporize	• vaporiser
• wait	• attendre / servir
want	vouloir
warm up	chauffer
wash	laver
- wash the dishes	- faire la vaisselle
waste	gaspiller
wear out	(se) détériorer
weigh	peser
wet	mouiller
whisk (up)	battre / monter (blancs d'œufs en neige)
whip	fouetter
whiten	blanchir
wipe	essuyer
work	travailler / malaxer (le beurre)
- work up	- monter
wrap (up)	emballer

YOUR GLOSSARY

TON LEXIQUE

IN THE MENU / AU MENU

1.DRINKS
LES BOISSONS

NON-ALCOHOLIC DRINKS *Boissons non alcoolisées*

FRANÇAIS - ANGLAIS

BOISSONS FROIDES / BOISSONS GLACÉES	COLD DRINKS / ICE-COLD DRINKS
• coca-cola	• coke
• **eau**	• **water**
- eau de seltz	- soda
- eau de source naturelle	- natural spring water
- eau gazeuse	- soda water / fizzy water
- eau minérale	- mineral water
- eau plate	- still / plain water
• **jus de fruits**	• **fruit juices**
- jus d'ananas	- pineapple juice
- jus de fruit pressé	- freshly squeezed fruit juice
- jus d'orange	- orange juice
- jus de pamplemousse	- grapefruit juice
- jus de pomme	- apple juice
jus de légumes	**vegetable juices**
- jus de tomate	- tomato juice
• **lait**	• **milk**
lait écrémé	skimmed milk
lait demi écrémé	semi-skimmed milk
boissons au lait :	milk drinks:
- lait parfumé fouetté	- milk shake
- lait malté	- malted milk
limonade	lemonade
• sirop	• cordial / squash
- sirop d'orange	- orange cordial / squash

BOISSONS CHAUDES	HOT DRINKS
• **café**	• **coffee**
- café au lait	- white coffee / coffee with milk
- café crème	- white coffee
- café décaféiné	- caffeine-free coffee / decaffeinated coffee
- café express	- espresso coffee
- café noir	- black coffee
chocolat chaud	hot chocolate
• **infusion (au(x) / à la :)**	• **herbal tea (infusion)**
- verveine	- verbena tea
- verveine menthe	- verbena mint tea
- tilleul	- lime (blossom) tea
- camomille	- camomile tea
- fruits rouges	- red fruit tea
• thé (au lait / avec du citron)	• tea (with milk / lemon)

ENGLISH - FRENCH

COLD DRINKS / ICE-COLD DRINKS	*BOISSONS FROIDES / BOISSONS GLACÉES*
• coke	• coca-cola
cordial	sirop
• **fruit juices**	• **jus de fruits**
- apple juice	- jus de pommes
- freshly squeezed fruit juice	- jus de fruit pressé
- grapefruit juice	- jus de pamplemousse
- orange juice	- jus d'orange
- pineapple juice	- jus d'ananas
• lemonade	• limonade
• **milk**	• **lait**
semi-skimmed milk	lait demi écrémé
milk drinks:	boissons au lait :
- malted milk	- lait malté
- milk shake	- lait parfumé fouetté
• squash	• sirop
• **vegetable juice**	• **jus de légumes**
- tomato juice	- jus de tomate
• **water**	• **eau**
- fizzy water	- eau gazeuse
- natural spring water	- eau de source naturelle
- mineral water	- eau minérale
- soda water	- eau gazeuse / eau de seltz
still / plain water	eau plate

HOT DRINKS	*BOISSONS CHAUDES*
• **coffee**	• **café**
- caffeine-free coffee	- café décaféiné
- coffee with milk	- café au lait
- decaffeinated coffee	- café décaféiné
- espresso coffee	- café express
- white coffee	- café au lait
• **herbal tea**	• **infusion (au(x) / à la :)**
- camomile tea	- camomille
- lime (blossom) tea	- tilleul
- red fruit tea	- fruits rouges
- verbena tea	- verveine
- verbena mint tea	- verveine menthe
hot chocolate	chocolat chaud
• tea (with milk / lemon)	• thé (avec du lait / citron)

EXPRESSION

Let's crack open this bottle! *(Prenons un verre !)*

ALCOHOLIC DRINKS *Boissons alcoolisées*

FRANÇAIS - ANGLAIS

• alcool	• alcohol
• **bière**	• **beer**
- bière pression	- draught beer
- bière brune	- brown ale / stout
- bière blonde	- lager / light ale / pale ale
- bitter (bière fortement houblonnée)	- bitter
- bière brune (légère)	- mild
- panaché	- shandy
boissons alcoolisées allongées de soda	long drinks
• cidre	• cider
cocktails	cocktails / mixed drinks
cognac	cognac / brandy
• eau de vie (prune, poire)	• (plum, pear) spirit / brandy
• liqueurs	• liquors
• spiritueux	• liquors / spirits
• **vins**	• **wines**
- Bordeaux	- Bordeaux wines / Clarets
- Bourgognes	- Burgundy wines
- Champagne	- Champagne
- vins apéritifs	- appetizer wines
- vins blancs	- white wines
- vins de table	- table wines
- vins du Rhin et de Moselle	- hocks
- vins étrangers	- foreign wines
- vins français *	- French wines
- vins importés	- imported wines
- vins liquoreux	- sweet wines
- mousseux	- sparkling wines
- vins pétillants	- sparkling wines
- vins régionaux	- local wines
- vins rosés	- rosé wines
- vins rouges	- red wines
- xérès	- sherry
• whisky	• whisky

* Ne pas traduire les noms de vins, exceptés le Bordeaux (Claret) et le Bourgogne (Burgundy).

ENGLISH - FRENCH

• alcohol	• alcool
• **beer**	• **bière**
- bitter	- bitter (bière blonde fortement houblonnée)
- brown ale	- bière brune
- draught beer	- bière pression
- lager	- bière blonde
- light ale	- bière blonde
- mild	- bière brune (légère)
- pale ale	- bière blonde
- shandy	- panaché
- stout	- bière brune
brandy	brandy / cognac / eau de vie
• cider	• cidre
cocktails	cocktails
cognac	cognac
• liquors	• liqueurs / spiritueux
• long drinks	• boissons alcoolisées allongées de soda
• mixed drinks	• cocktails
• spirits	• spiritueux
• **wines**	• **vins**
- appetizer wines	- vins apéritifs
- Bordeaux wines	- Bordeaux
- Burgundy wines	- Bourgognes
- Champagne	- Champagne
- Clarets	- Bordeaux
- dessert wines	- vins pour le dessert
- foreign wines	- vins étrangers
- French wines	- vins français
- hocks	- vins du Rhin et de Moselle
- imported wines	- vins importés
- local wines	- vins régionaux
- red wines	- vins rouges
- rosé wines	- vins rosés
- sherry	- xérès
- sparkling wines	- mousseux / vins pétillants
- table wines	- vins de table
- white wines	- vins blancs
• whisky	• whisky

EXPRESSION

I can't take white wine! *(Je ne supporte pas le vin blanc !)*

2.STARTERS
LES ENTRÉES

FRANÇAIS - ANGLAIS

andouille / andouillette (avec des tripes) assiette anglaise avocat vinaigrette	chitterlings sausage (with tripes) cold meats avocado with vinaigrette
caviar charcuteries cocktail de crevettes confit d'oie confit de canard	caviar cooked pork meats prawn cocktail goose conserve / preserve duck conserve / preserve
foie gras	"foie gras"
melon au porto melon au jambon de Parme	melon with port (wine) melon with Parma ham
pâté	"pâté"
salade composée saucisson saucisson sec soupes - bisque de homard - bouillabaisse - bouillon - consommé - potage - soupe à la queue de boeuf - velouté d'asperges	mixed salad (slicing) sausage (dry) pork and beef sausage soups - lobster bisque / soup - mediterranean fish soup - (meat / vegetable) stock / (meat / vegetable) broth - "consommé" (clear soup) - soup - oxtail soup - cream of asparagus soup
rillettes	"rillettes" (pork or goose potted meat)
tapenade	anchovy and black olive paste
vinaigrette	"vinaigrette" (French dressing)

ENGLISH - FRENCH

anchovy and black olive paste avocado with vinaigrette	tapenade avocat vinaigrette
broth	bouillon
caviar chitterlings sausage (pork tripes) cold meats cooked pork meats	caviar andouille / andouillette charcuteries / assiette anglaise charcuteries
duck conserve / preserve	confit de canard
French dressing "foie gras"	vinaigrette foie gras
goose conserve / preserve goose potted meat	confit d'oie rillettes
melon with Parma ham melon with port (wine) mixed salad	melon au jambon de Parme melon au porto salade composée
"pâté" prawn cocktail	pâté cocktail de crevettes
sausage (slicing - /) dry pork and beef -) soups - cream of asparagus soup - "consommé" - lobster bisque / soup - mediterranean fish soup - oxtail soup - stock	saucisse / saucisson / saucisson sec soupes / potages - velouté d'asperges - consommé - bisque de homard - bouillabaisse - soupe à la queue de boeuf - bouillon
rillettes (potted meat)	rillettes
"vinaigrette"	vinaigrette

A soup-tureen

Une soupière

A ladle

Une louche

EXPRESSION

Dinner's ready! *(A table, le dîner est prêt !)*

3. VEGETABLES / SPICES & HERBS / OILS & VINEGARS

LES LÉGUMES / ÉPICES ET PLANTES / HUILES ET VINAIGRES

VEGETABLES *Les légumes*

FRANÇAIS - ANGLAIS

• artichaut	• artichoke
- cœur d'artichaut	- artichoke heart
asperge	asparagus
- pointe d'asperge	- asparagus tip
aubergine	aubergine / egg-plant (US)
avocat	avocado (pear)
• bambou	• bamboo
- pousse de bambou	- bamboo shoot
bette / blette	white beet / Swiss chard
betterave	beetroot / beets (US)
brocoli	broccoli
• carde	• chard
cardon	cardoon
carotte	carrot
céleri	celery
céleri-rave	celeriac
champignon	mushroom
- bolet	- boletus
- cèpe	- cèpe (type of boletus)
- coulemelle	- parasol mushroom
- girolle / chanterelle	- chanterelle
- morille	- morel
- truffe	- truffle
chicorée (frisée)	curled endive (lettuce)
chou	cabbage
chou-fleur	cauliflower
chou frisé	kale
chou rouge	red cabbage
choux de Bruxelles	Brussels sprouts
cœur de palmier	heart of palm
concombre	cucumber
cornichon	gherkin
courge	marrow / squash (US)
courgette	courgette / zucchini (US)
cresson	watercress
• doucette	corn salad
• endive	• endive / chicory
épinard	spinach
escarole / scarole	batavian endive / escarole
• fenouil	• fennel
fève	(broad) bean
flageolet	(small) kidney bean
frisée / chicorée	curled endive (lettuce)
• haricot	• bean
- haricots blancs à la sauce tomate	- baked beans (in tomato sauce)
- haricot blanc (sec)	- (dried) white haricot bean
- haricot d'Espagne (plat)	- runner bean / string bean
- haricots mange-tout	- sugar bean / "mange-tout"

ENGLISH - FRENCH

• artichoke	• artichaut
- artichoke heart	- cœur d'artichaut
asparagus	asperge
- asparagus tip	- pointe d'asperge
aubergine	aubergine
avocado (pear)	avocat
• bamboo	• bambou
- bamboo shoot	- pousse de bambou
batavian endive	escarole / scarole
bean	haricot
- baked beans	- haricots blancs à la sauce tomate
- broad bean	- fève
- (dried) white haricot bean	- haricot blanc (sec)
- (small) kidney bean	- flageolet
- French bean	- haricot vert
- runner bean	- haricot d'Espagne (plat)
- string bean	- haricot d'Espagne (plat)
beetroot	betterave
beets (US)	betterave
broccoli	brocoli
Brussels sprouts	choux de Bruxelles
• cabbage	• chou
- red cabbage	- chou rouge
cardoon	cardon
carrot	carotte
cauliflower	chou-fleur
celeriac	celeri-rave
celery	céleri
chard	carde
chickpeas	pois chiches
chicory	endive
- red chicory	- trévise
corn (US)	maïs
- corn on the cob	– épis de maïs
corn salad	doucette / mâche
cos lettuce	romaine
courgette	courgette
cucumber	concombre
curled endive (lettuce)	frisée / chicorée
• dandelion	• pissenlit
• egg-plant (US)	• aubergine
endive	endive
escarole	escarole / scarole
• fennel	• fenouil
• gherkin	• cornichon
• heart of palm	• cœur de palmier
horse-radish	raifort
• Jerusalem artichoke	• topinambour / patisson (bonnet de curé)
• kale	• chou frisé
kidney bean (small)	flageolet

EXPRESSION

It's the best! / It's the upper crust ! *(C'est le gratin !)*

Vegetables

FRANÇAIS - ANGLAIS

- haricot rouge	- red (kidney) bean
- haricot vert	- French bean
• laitue	• lettuce
lentilles	lentils
• mâche	• corn salad / "mâche"
maïs	maize / corn (US)
- épis de maïs	- corn on the cob
• navet	• turnip
• oignon	• onion
- oignon blanc	- spring onion
- petits oignons	- pickling onions
okra	okra
olive (noire, verte)	(black, green) olive
ortie	nettle
oseille	sorrel
• panais	• parsnip
patisson	Jerusalem artichoke
petits pois	peas
pissenlit	dandelion
poireau	leek
pois cassés	split peas
pois chiches	chickpeas
poivron vert / rouge	green / red (sweet) pepper
pommes de terre	potatoes (sing. : potato)
- à l'eau / à l'anglaise	- boiled potatoes
- douces	- sweet potatoes
- chips	- crisps
- gratin de pommes de terre	- potatoes "au gratin"
- en robe des champs	- jacket potatoes
- en purée	- mashed potatoes / potato "purée"
- frites	- French fries / chips
- gaufrettes	- lattice potato chips
- rôties	- roasted potatoes
- sautées	- "sautéed" potatoes
- vapeur	- steamed potatoes
potiron (citrouille)	pumpkin
• radis	• radish (pluriel : radishes)
raifort	horse-radish
romaine	romaine / cos lettuce
rutabaga	swede
• salade (verte)	• (green) salad
salsifis	salsify
scarole / escarole	batavian endive
soja	soya bean
• tomate	• tomato (pluriel : tomatoes)
- concentré de tomates	- tomato purée
topinambour / patisson (bonnet de curé)	Jerusalem artichoke
trévise	red chicory

ENGLISH - FRENCH

• leek	• poireau
lettuce	laitue
lentils	lentilles
• "mâche"	• mâche
maize	maïs
marrow	courge
mushroom	champignon
- boletus	- bolet
- cèpe (type of boletus)	- cèpe
- chanterelle	- girolle / chanterelle
- morel	- morille
- parasol mushroom	- coulemelle
- truffle	- truffe
• nettle	• ortie
• onion	• oignon
- pickling onions	- petits oignons
- spring onion	- oignon blanc
okra	okra
olive (black, green -)	olive (noire, verte)
• parsnip	• panais
peas	petits pois
pepper (green, red -)	poivron (vert, rouge)
potato(es)	pomme(s) de terre
- boiled potatoes	- pommes de terre à l'eau
- chips	- frites
- crisps	- chips
- French fries	- frites
- jacket potatoes	- pommes de terre en robe des champs
- lattice potato chips	- pommes gaufrettes
- mashed potatoes / potatoe purée	- purée de pommes de terre
- roasted potatoes	- pommes de terre rôties
- " sautéed " potatoes	- pommes de terre sautées
- steamed potatoes	- pommes vapeur
- sweet potatoes	- pommes de terre douces
pumpkin	potiron (citrouille)
• radish (pluriel : radishes)	• radis
red cabbage	chou rouge
red chicory	trévise
romaine	romaine
• salad	• salade
- green salad	- salade verte
salsify	salsifis
sorrel	oseille
soya bean	soja
spinach	épinard
split peas	pois cassés
squash (US)	courge
swede	rutabaga

EXPRESSION

Her eyes are bigger than her stomach. *(Ses yeux sont plus grands que son ventre.)*

FRANÇAIS - ANGLAIS

• LES PARTIES DU LÉGUME :

cœur	heart
chair	flesh
cosse (petits pois)	pod (peas)
feuille	leaf (pluriel : leaves)
graine	seed
noyau	stone (GB) / pit (US)
peau	skin
pépin	pip
racine	root
tige	stalk

• LES LÉGUMES PEUVENT ÊTRE :

appertisés (en boîte)	voir "en boîte"
conditionnés sous vide	vacuum-packed
coupés en dés	diced
coupés en rondelles	sliced
crus	raw / uncooked
cuits	cooked
de saison	in season
en boîte	tinned / preserved (in tins) / canned (US)
en branches	whole vegetables
en crudités	in salads (raw vegetables)
... en garniture	garnished with ...
en mousseline	in a light purée
en purée	mashed / "puréed"
fanés	withered
jeunes	young (vegetables)
primeurs	early vegetables
surgelés	(deep)frozen

ENGLISH - FRENCH

(sweet) pepper (green, red -)	poivron (vert, rouge)
Swiss chard	bette / blette
• tomato(es)	• tomate(s)
- tomato purée	- concentré de tomate
turnip	navet
• watercress	• cresson
white beet	bette / blette
• zucchini (US)	• courgette

• PARTS OF THE VEGETABLE:

heart	cœur
flesh	chair
leaf	feuille
pip	pépin
pit (US)	noyau
pod (peas)	cosse (petits pois)
root	racine
seed	graine
skin	peau
stalk	tige
stone (GB)	noyau

• VEGETABLES CAN BE:

canned (US)	en boîte / appertisés
cooked	cuits
diced	coupés en dés
early (vegetables)	primeurs
frozen	surgelés
garnished with ...	en garniture
in a light purée	en mousseline
in salads	en salade / en crudités
in season	de saison
mashed	en purée
preserved (in tins)	en boîte
" puréed "	en purée
- in a light " purée "	- en mousseline
raw	crus
sliced	coupés en rondelles
tinned	en boîte / appertisés
uncooked	crus
vacuum-packed	conditionnés sous vide
whithered	fanés
whole	en branches
young	jeunes

EXPRESSION

It's in the bag! *(C'est du tout cuit !)*

SPICES & HERBS *Épices et plantes (herbes)*

FRANÇAIS - ANGLAIS

• ail	• garlic
- une gousse d'ail	- garlic clove / clove of garlic
- une pointe d'ail	- a touch of garlic
aneth	dill
- graines d'aneth	- dill seeds
anis	anise / aniseed
assaisonnement	seasoning / condiment / relish (saveur) / dressing (salad)
• badiane (anis étoilé)	• star anise
basilic	basil
bouquet garni	(bunch of) herbs / "bouquet garni"
bourrache	borage
• camomille	• camomile
cannelle	cinnamon
câpre	caper
cari / carry (poudre)	curry (powder)
céleri	celery
cerfeuil	chervil
chutney (condiment des Indes)	chutney
ciboulette	chives
citronnelle	citronella
clous de girofle	cloves
coriandre	coriander
cumin	cummin / caraway seeds
• échalote	• shallot / scallion (US)
estragon	tarragon
• fenouil (graines de -)	• fennel seeds
fines herbes	mixed herbs / herbs
• genièvre (baies de -)	• juniper berries
gingembre	ginger
girofle (voir clou de girofle)	
• herbes (aromatiques)	• aromatic herbs / kitchen herbs
• laurier (sauce)	• bay leaves
• marjolaine	• marjoram
mauve	mallow
mélisse	melissa
menthe	mint
moutarde	mustard
muscade (voir noix de muscade)	
myrte	myrtle
• noix de muscade	• nutmeg
• oranger(fleur)	• orange blossom

ENGLISH - FRENCH

• anise / aniseed	• anis
- star anise	- badiane (anis étoilé)
aromatic herbs	herbes aromatiques
• basil	• basilic
bay leaves	laurier (sauce)
borage	bourrache
bunch of herbs	bouquet garni
• camomile	• camomille
caper	câpre
caraway seeds	cumin
Cayenne pepper	piment de Cayenne
celery	céleri
chervil	cerfeuil
chilli	piment rouge
chives	ciboulette
chutney	chutney (condiment des Indes)
cinnamon	cannelle
citronella	citronnelle
cloves	clous de girofle
condiment	condiment / assaisonnement
coriander	coriandre
cummin	cumin
curry (powder)	cari / carry (poudre)
• dill	• aneth
- dill seeds	- graines d'aneth
dressing	assaisonnement (salade)
• fennel (fennel seeds)	• fenouil (graines de fenouil)
• garlic	• ail
- a touch of garlic	- une pointe d'ail
- garlic clove / clove of garlic	- gousse d'ail
ginger	gingembre
• herbs (mixed herbs)	• fines herbes / bouquet garni
hot red pepper	piment rouge
• juniper berries	• genièvre (baies de -)
• kitchen herbs	• herbes aromatiques
• lime (blossom)	• (fleur de) tilleul
- lime (blossom) tea	- infusion de tilleul
liquorice	réglisse
• mallow	• mauve
marjoram	marjolaine
melissa	mélisse
mint	menthe
mustard	moutarde

EXPRESSION

This chutney is good stuff! *(Ce chutney est excellent !)*

FRANÇAIS - ANGLAIS

origan	oregano
• paprika	• paprika
passiflore	passion flower
pavot (graines de -)	poppy seeds
persil (persil plat)	parsley (flat parsley)
- un brin de persil	- a sprig of parsley
- persil en branches	- leaf parsley
- persil haché	- chopped parsley
piment	pimento
- piment de Cayenne	Cayenne pepper
- piment rouge	- hot red pepper / chilli pepper
poivre	
- poivre en grain	- whole pepper / pepper corn
- poivre gris / noir / blanc	- grey / black / white pepper
- poivre moulu	- ground pepper
• réglisse	• liquorice
romarin	rosemary
• safran	• saffron
sarriette	savory
sauge	sage
sel	salt
- sel blanc	- table salt
- gros sel	- sea salt
serpolet	wild thyme
sésame	sesame
• tapioca	• tapioca
thé vert	green tea
tilleul (fleur de -)	lime (blossom)
- infusion de tilleul	- lime (blossom) tea
thym	thyme
thym sauvage	wild thyme
• vanille	• vanilla
- gousse de vanille	- vanilla bean
verveine	vervain / verbena
- infusion de verveine	- vervain / verbena tea
• violette	• violet

ENGLISH - FRENCH

myrtle	myrte
• nutmeg	• noix de muscade
• orange blossom	• oranger (fleur)
oregano	origan
• paprika	• paprika
parsley (flat parsley)	persil (persil plat)
- a sprig of parsley	- un brin de persil
- chopped parsley	- persil haché
- leaf parsley	- persil en branches
passion flower	passiflore
pepper	poivre
- grey / black / white pepper	- poivre gris / noir / blanc
- ground pepper	- poivre moulu
- pepper corn	- poivre en grain
- whole pepper	- poivre en grain
pimento	piment
poppy seeds	graines de pavot
• relish	• assaisonnement (saveur, goût)
rosemary	romarin
• saffron	• safran
sage	sauge
salt	sel
- sea salt	- gros sel
- table salt	- sel blanc fin (de table)
savory	sarriette
scallion (US)	échalote
seasoning	assaisonnement
shallot	échalote
star anise	badiane (anis étoilée)
• tarragon	• estragon
thyme	thym
- wild thyme	- thym sauvage
• vanilla	• vanille
- vanilla bean	- gousse de vanille
verbena	verveine
- verbena tea	- infusion de verveine
vervain	verveine
violet	violette

OILS & VINEGARS *Huiles et vinaigres*

• **LES HUILES**	• **OILS**
- huile d'arachide	- groundnut oil / peanut oil
- huile de colza	- colza oil
- huile de noix	- walnut oil

• **OILS**	• **LES HUILES**
- colza oil	- huile de colza
- groundnut oil	- huile d'arachide
- olive oil	- huile d'olive
unrefined olive oil (from first pressing)	- huile d'olive vierge (de première pression)

EXPRESSION

It's got spice! *(Ça ne manque pas de sel !)*

FRANÇAIS - ANGLAIS

- huile d'olive vierge (de première pression)	- unrefined olive oil (from first pressing)
- huile de tournesol	- sunflower seed oil
• LES VINAIGRES	**• VINEGARS**
- vinaigre d'alcool	- spirit vinegar
- vinaigre de cidre	- cider vinegar
- vinaigre de framboise	- raspberry vinegar
- vinaigre de xérès	- xeres vinegar
- vinaigre de vin blanc / rouge	white / red wine vinegar
- vinaigre aux condiments	herb vinegar

ENGLISH - FRENCH

- peanut oil	- huile d'arachide
- sunflower seed oil	- huile de tournesol
- walnut oil	- huile de noix
• VINEGARS	**• LES VINAIGRES**
- cider vinegar	- vinaigre de cidre
- herb vinegar	- vinaigre aux condiments
- raspberry vinegar	- vinaigre de framboise
- red wine vinegar	- vinaigre de vin rouge
- spirit vinegar	- vinaigre d'alcool
- white wine vinegar	- vinaigre de vin blanc
- xeres vinegar	- vinaigre de xérès

4.FISH/CRUSTACEANS/MOLLUSCS

LES POISSONS/LES CRUSTACÉS/LES MOLLUSQUES

• aiglefin /églefin	• haddock
alose	shad
anchois	anchovy (pluriel : anchovies)
anguille	eel
• bar	• bass / sea perch
barbeau	barbel
- barbillon	- small barbel
barbue	brill
baudroie (lotte de mer)	angler / monkfish / devilfish
bigorneau	winkle (sea snail)
blanchaille	whitebait
bonite	bonito
brème	bream
brochet	pike
• cabillaud	• cod
- darnes de cabillaud	- cod cutlets
calmar / calamar	squid / inkfish
carpe	carp
carrelet	plaice
caviar (œufs d'esturgeon)	caviar (sturgeon roe)
chinchard (saurel)	scad
colin	hake
colineau / colinot	codling
congre	conger eel
coquillage	shell-fish / sea shell
coquilles Saint-Jacques	scallops (in the shell)
crabe	crab
crevettes grises	shrimps
crevettes roses (bouquet)	prawns

• anchovy (plural: anchovies)	• anchois
angler	baudroie (lotte de mer)
• barbel	• barbeau
- small barbel	- barbillon
bass (sea bass / sea perch)	bar / perche de mer
bonito	bonite
bream	brème
- sea bream	- daurade / dorade
brill	barbue
burbot	lotte de rivière
• carp	• carpe
caviar (sturgeon roes)	caviar (œufs d'esturgeon)
char	omble chevalier
clam	palourde
- small clam	- praire
coalfish	lieu noir / merluche noire
cod	cabillaud
- cod cutlets	- darnes de cabillaud
- salt cod (dried cod)	- morue (morue séchée)
codling	colineau / colinot
conger eel	congre
crab	crabe
crayfish /crawfish:	
- freshwater crayfish / crawfish	écrevisse (d'eau douce)
- sea water crayfish / crawfish	langouste (d'eau de mer)
cuttle-fish	seiche
• dab	• limande
devilfish	baudroie (lotte de mer)

EXPRESSION

To turn sour. *(Tourner au vinaigre.)*

FRANÇAIS - ANGLAIS

cuisses de grenouille	frogs legs
• daurade / dorade	sea bream
• écrevisse (d'eau douce)	• (freshwater) crayfish / crawfish
encornet	squid
éperlan	smelt
escargot	snail
espadon	swordfish
esturgeon	sturgeon
• flet	• flounder
flétan	halibut
frai	spawn
fruits de mer	sea food
• gambas	• gambas (large prawns)
gardon	roach
goujon	gudgeon
grondin	gurnet / gurnard
- grondin gris	- grey gurnard
- grondin rouge	- red gurnet / gurnard
• haddock	• haddock
hareng	herring
- filet de hareng fumé et salé	- kipper
- rollmops	- rollmop
homard	lobster
huître	oyster
• lamproie	• lamprey
langouste	(sea) crawfish / (sea) crayfish / rock lobster
langoustine	scampi / Dublin bay prawn
lieu jaune	pollack
lieu noir	coalfish
limande	dab
limande sole	lemon-sole
loche	loach
lotte (baudroie)	angler / devilfish (monkfish)
lotte de rivière	burbot
loup de mer (Méditerranée)	sea bass
lump (lompe)	lump-fish
• maquereau	• mackerel
merlan	whiting
merlu / merluche (colin)	stockfish (hake)
merluche jaune	pollack
merluche noire	coalfish
morue	(salt) cod
- morue séchée	- dried cod
moules	mussels

ENGLISH - FRENCH

dogfish	roussette / saumonette
Dover sole	sole
Dublin bay prawn	langoustine
• eel	• anguille
• flounder	• flet
frogs legs	cuisses de grenouille
• gambas	• gambas
grayling	ombre
gudgeon	goujon
gurnard	grondin
- grey gurnard	- grondin gris
- red gurnard	- grondin rouge
gurnet	(rouget) grondin
- red gurnet	- grondin rouge
• haddock	• aiglefin / églefin / haddock
hake	colin (merlu / merluche)
halibut	flétan
hedgehog (sea -)	oursin
herring	hareng
hog-fish	rascasse
horse mackerel	saurel / chinchard
• inkfish	• calmar (calamar) / seiche
• John Dory	• saint-pierre
• kipper	• filet de hareng fumé et salé
• lamprey	• lamproie
lemon-sole	limande sole
loach	loche
lobster	homard
- rock lobster	- langouste
lump-fish	lump (lompe)
• mackerel	• maquereau
- horse mackerel	- saurel / chinchard
monkfish	baudroie (lotte de mer)
moray	murène
mullet (grey mullet)	mulet
- red mullet	- rouget (barbet)
muraena	murène
mussels	moules
• octopus	• pieuvre / poulpe
oyster	huître
• perch	• perche
- freshwater perch	- perche d'eau douce
- sea perch	- perche de mer

EXPRESSION

What a scrounger! *(Quel pique-assiette !)*

FRANÇAIS - ANGLAIS

mulet	grey mullet
murène	moray (muraena)
• omble chevalier	• char
ombre	grayling
oursin	sea urchin / sea hedgehog
• palourde	• clam
perche (d'eau douce)	(freshwater) perch
perche (de mer, ou bar)	sea perch / sea bass
pieuvre	octopus
pilchard	pilchard
plie	plaice
poulpe	octopus
praire	small clam
• raie	• skate (ray)
rascasse	scorpion-fish / hog-fish
requin (aileron de requin)	shark (shark's fin)
rouget (barbet)	red mullet
rouget grondin	gurnet
roussette (ou saumonette)	dogfish
• saint-pierre	• John Dory
sandre	pikeperch
sardine	sardine
saumon	salmon
saumonette (ou roussette)	dogfish
saurel (ou chinchard)	horse mackerel / scad
seiche	cuttle-fish / inkfish
sole	(Dover) sole
sprat	sprat
• tanche	• tench
thon	tuna fish
tourteau	sort of crab
truite	trout
truite saumonée	salmon trout
turbot (turbotin)	turbot (small turbot)
• vieille	• wrasse
vive	weever

ENGLISH - FRENCH

pike	brochet
pikeperch	sandre
pilchard	pilchard
plaice	carrelet / plie
pollack	lieu jaune / merluche jaune
prawns	crevettes roses (bouquet)
- large prawns	- gambas
• ray	• raie
red mullet	rouget (barbet)
roach	gardon
rock lobster	langouste
rollmop	rollmops
• salmon	• saumon
sardine	sardine
scad	chinchard / saurel
scallops (in the shell)	coquilles Saint-Jacques
scampi	langoustine
scorpion fish	rascasse
sea bass	loup de mer (Méditerranée) / perche / bar de mer
sea bream	daurade / dorade
sea food	fruits de mer
sea hedgehog	oursin
sea perch (bass)	bar, perche (de mer)
sea shell	coquillage
sea snail	bigorneau
sea urchin	oursin
shad	alose
shark (shark's fins)	requin (ailerons de requin)
shell-fish	coquillage
shrimps	crevettes grises
skate	raie
smelt	éperlan
snail	escargot
sole (Dover sole)	sole
spawn	frai
sprat	sprat
squid	calmar (calamar) / encornet
stockfish	merlu / merluche (colin)
sturgeon	esturgeon
- sturgeon roe	- caviar
swordfish	espadon
• tench	• tanche
trout	truite
- salmon trout	- truite saumonée
tuna fish	thon
turbot (small turbot)	turbot (turbotin)
urchin (sea urchin)	oursin
weever	vive
whitebait	blanchaille
whiting	merlan
winkle (sea snail)	bigorneau
wrasse	vieille

EXPRESSION

We're packed like sardines! *(On est serrés comme des sardines !)*

FRANÇAIS - ANGLAIS

• LES PARTIES DU POISSON ET COQUILLAGE

arête	fishbone
- grande arête / arête centrale	- back bone
chair	flesh
coquille	shell
écaille	scale (poisson) / shell (huître)
laitance	soft roe
nageoire	fin
œufs	roes
ouïes	gills
peau	skin
queue	tail
tête	head

• LES POISSONS PEUVENT ÊTRE :

crus	uncooked / raw
cuits	cooked
de mer	from the sea (sea fish / salt water fish / sea food)
de rivière / d'eau douce	from fresh water
fumés	smoked
gras	oily
en darnes	in steaks
en filets	in fillets
en tronçons	in thick slices
entiers	whole
frais	fresh
maigres	lean
salés	salted
séchés	dried
surgelés	frozen

ENGLISH - FRENCH

• PARTS OF THE FISH AND SHELL-FISH

backbone	grande arête / arête centrale
fin	nageoire
fishbone	arête
flesh	chair
gills	ouïes
head	tête
roes	œufs
scale	écaille (poisson)
shell	écaille (huître) / coquille
skin	peau
soft roe	laitance
tail	queue

• FISH CAN BE:

cooked	cuits
dried	séchés
fresh	frais
from fresh water / freshwater	de rivière / d'eau douce
from the sea (sea fish / salt water fish / sea food)	de mer
frozen	surgelés
in fillets	en filets
in steaks	en tronçons
in thick slices	en tronçons / en darnes
lean	maigres
oily	gras
raw	crus
salted	salés
smoked	fumés
uncooked	crus
whole	entiers

5.SAUCES
LES SAUCES

• Les bases

un fond	a stock
un fond blanc	a white stock
un fond brun	a brown stock
un roux	a "roux"
sauce tomate	tomato sauce

• Bases

a stock	un fond
a brown stock	un fond brun
a "roux"	un roux
a white stock	un fond blanc
tomato sauce	sauce tomate

EXPRESSION

What's all this shady business? *(Qu'est-ce que c'est que cette cuisine ?)*

FRANÇAIS - ANGLAIS

• les beurres	
beurre blanc	white butter
beurre clarifié	clarified butter
beurre fondu	melted butter
beurre noisette	brown butter
beurre maître d'hôtel	"maître d'hôtel" butter (parsley butter+lemon)
• sauces froides	
sauce de salade	salad dressing
sauces froides émulsionnées	**cold emulsified sauces**
- aïoli	- garlic flavoured mayonnaise
- mayonnaise (et sauces dérivées)	- mayonnaise (and derived sauces)
- rouille	- spicy sauce with saffron, olive oil and garlic (served with fish soups)
vinaigrette	French dressing (with oil and vinegar)
• sauces chaudes	
sauce au vin blanc	white wine sauce (made from a fish stock, with shalotts, cream and white wine, and served with fish)
sauce aux câpres	caper sauce
sauce béchamel	white sauce (made with butter, flour and milk)
sauce chasseur	hunter style sauce (brown stock with shallots, mushrooms, white wine (cognac) tarragon and chervil)
sauces chaudes émulsionnées	
- sauce béarnaise	- "béarnaise" sauce (thick butter sauce made with an egg yolk, white wine, vinegar, tarragon, chervil and shallots)
- sauce hollandaise	- "hollandaise" sauce (a butter sauce with an egg yolk, lemon juice and Cayenne pepper)
sauce crème	cream sauce (white sauce with cream)
sauce madère	"madeira" sauce
sauce Mornay	Mornay sauce (bechamel sauce with an egg yolk and cheese)
sauce piquante	piquant sauce (made with white wine, vinegar, shallots and pepper)
sauce suprême	suprême sauce (poultry stock with cream)

ENGLISH - FRENCH

• butters	
brown butter	beurre noisette
clarified butter	beurre clarifié
"maître d'hôtel" butter	beurre maître d'hôtel
melted butter	beurre fondu
parsley butter	beurre maître d'hôtel
white butter	beurre blanc
• cold sauces	
cold emulsified sauces	**sauces froides émulsionnées**
- fish soup sauce	- rouille
- garlic flavoured mayonnaise	- aïoli
- mayonnaise (and derived sauces)	- mayonnaise (et sauces dérivées)
French dressing	vinaigrette
salad dressing	sauce de salade
• warm sauces	
caper sauce	sauce aux câpres
cream sauce	sauce crème
gravy	sauce (anglaise) au jus de rôti
hunter style sauce	sauce chasseur
"madeira" sauce	sauce madère
Mornay sauce	sauce Mornay
piquant sauce	sauce piquante
suprême sauce	sauce suprême
warm emulsified sauces	
- "béarnaise sauce"	- sauce béarnaise
- "hollandaise sauce"	- sauce hollandaise
white sauce	sauce béchamel
white wine sauce	sauce au vin blanc

Sauceboat
Saucière

EXPRESSION

To thicken a sauce. *(Lier une sauce.)*

6.MEATS
LES VIANDES

FRANÇAIS - ANGLAIS

• **agneau**	• **lamb**
agneau de lait	milk fed lamb
carré d'agneau	loin of lamb
côte / côtelette d'agneau	lamb cutlet
épaule d'agneau	lamb shoulder
gigot d'agneau	(roast) leg of lamb
selle d'agneau	saddle of lamb
• **bœuf**	• **beef**
bavette d'aloyau	top of the sirloin
aloyau	sirloin / loin (US)
collier	neck of beef
contre-filet de bœuf	sirloin of beef
côte de bœuf	beef rib
entrecôte	rib steak / "entrecôte" steak
faux-filet	sirloin steak
filet de bœuf	fillet / tenderloin
langue de bœuf	beef tongue
plat de côte	flat of rib
poitrine de bœuf	brisket of beef
rôti de bœuf	roast beef / joint of beef
steak	(beef) steak
tournedos	"tournedos"
(Voir aussi page 150)	
• **cheval** (viande de cheval)	• **horse** (horse meat)
• **génisse**	• **heifer**
foie de génisse	heifer's liver
(même découpe que le bœuf)	
• **gibier***	• **game**
1. **gibier à poils**	**game animals**
biche	doe
castor	beaver
cerf	stag / deer
chevreuil (mets)	venison (in dishes) / roebuck
- gigue de chevreuil	- haunch of venison
daim	(fallow) deer / buck
lapin	rabbit
- lapereau	- young rabbit
- lapin de Garenne	- wild rabbit
lièvre	hare
sanglier	wild boar
venaison	venison
2. **gibier à plumes**	**winged game / game birds**
alouette	lark
bartavelle	red grouse
bécasse	woodcock
bécassine	snipe
caille	quail
canard sauvage	wild duck

* Attention : certains gibiers sont interdits.

ENGLISH - FRENCH

• **lamb**	• **agneau**
lamb cutlet	côte / côtelette d'agneau
lamb shoulder	épaule d'agneau
leg of lamb	gigot d'agneau
loin of lamb	carré d'agneau
milk fed lamb	agneau de lait
roast leg of lamb	gigot d'agneau
saddle of lamb	selle d'agneau
• **beef**	• **bœuf**
beef rib	côte de bœuf
beefsteak	steak
beef tongue	langue de boeuf
brisket of beef	poitrine de boeuf
"entrecôte" steak	entrecôte
fillet	filet (de bœuf)
flat of rib	plat de côte
joint of beef	rôti de boeuf
loin (US)	aloyau
neck of beef	collier
rib steak	entrecôte
roast beef	rôti de bœuf
sirloin	aloyau
- sirloin of beef	- contre-filet de bœuf
- sirloin steak	- faux-filet
top of the sirloin	bavette d'aloyau
tenderloin	filet de bœuf
"tournedos"	tournedos
• **heifer**	• **génisse**
heifer's liver	foie de génisse
• **horse** (horse meat)	• **cheval** (viande de cheval)
• **game***	• **gibier**
1. **game animals**	**gibier à poils**
beaver	castor
buck	daim
deer	cerf
- fallow deer	- daim
doe	biche
hare	lièvre
rabbit	lapin
- young rabbit	- lapereau
- wild rabbit	- lapin de Garenne
roebuck (voir aussi "venison")	chevreuil
stag	cerf
venison	chevreuil (mets), venaison
- haunch of venison	- gigue de chevreuil
wild boar	sanglier
2. **winged game**	**gibier à plumes**
blackbird	merle

EXPRESSION

Your meat is as tough as old boots! *(Votre viande est dure comme de la semelle !)*

FRANÇAIS - ANGLAIS

colombe	dove
coq	rooster / cock
faisan	pheasant
grive	thrush
merle	blackbird
palombe	wild pigeon / ringdove
perdreau	partridge
perdrix	(adult) partridge
pigeon	pigeon
- pigeon des bois	- wood pigeon
- pigeonneau	- young pigeon / squab
pigeon-ramier (palombe)	wood pigeon / ringdove
pluvier	plover
sarcelle	teal
tourterelle	turtle-dove
• **mouton**	• **mutton**
brebis	ewe
côtes / côtelettes de mouton	mutton chops
gigot de mouton	(roast) leg of mutton
poitrine de mouton	mutton breast
(Voir aussi page 151)	
• **porc**	• **pork**
cochon de lait	• suckling pig
couennes de porc	pork rinds
côtes / côtelettes de porc	pork chops
échine	spare rib
jambon	ham
- jambon blanc	- cooked ham / boiled ham
- jambon cru / fumé	- raw / smoked ham
- jambon de Parme	- Parma ham
- jambonneau	- knuckle of ham
lard	pork fat
- mince tranche de lard	- bacon rasher
- lard salé	- salted pork
- lardons	- lardoons / diced bacon
poitrine de porc	pork belly
porcelet	piglet
rôti de porc	roast pork
saindoux	melted lard of pork
(Voir aussi page 151)	
• **veau** (veau dans le pré)	• **veal** (calf)
côte / côtelette de veau	veal cutlet
escalope de veau	veal escalope
foie de veau	calf's liver
noix de veau	cushion of veal / "noix de veau"
paupiettes de veau	veal paupiettes
pieds de veau	calf's trotters
poitrine de veau	breast of veal
ris de veau	(calf's) sweetbreads

ENGLISH - FRENCH

cock	coq
dove	colombe
lark	alouette
partidge (adult)	perdrix
pheasant	faisan
pigeon	pigeon
- young pigeon	- pigeonneau
- wood pigeon	- pigeon des bois
plover	pluvier
quail	caille
red grouse	bartavelle
ringdove	palombe / ramier
rooster	coq
snipe	bécassine
squab	pigeonneau
teal	sarcelle
thrush	grive
turtle-dove	tourterelle
wild duck	canard sauvage
wild pigeon	palombe
woodcock	bécasse
wood pigeon	ramier / palombe / pigeon des bois
• **mutton**	• **mouton**
breast (mutton -)	poitrine de mouton
chops (mutton -)	côtes / côtelettes de mouton
ewe	brebis
leg of mutton	gigot de mouton
roast leg of mutton	gigot de mouton
• **pork**	• **porc**
belly (pork belly)	poitrine de porc
chops (pork -)	côtes / côtelettes de porc
fat (pork fat)	lard
- bacon rasher	- mince tranche de lard
- diced bacon	- lardons
- lardoons	- lardons
- salted pork	- lard salé
ham	jambon
- boiled ham	- jambon blanc
- cooked ham	- jambon blanc
- knuckle of ham	- jambonneau
- Parma ham	- jambon de Parme
- raw ham	- jambon cru (fumé)
- smoked ham	- jambon fumé (cru)
melted lard of pork	saindoux
piglet	porcelet
rinds (pork -)	couennes de porc
roast pork	rôti de porc
spare rib	échine
suckling pig	cochon de lait
• **veal** (calf)	• **veau** (veau dans le pré)

EXPRESSION

There's something in the wind... *(Il se mijote quelque chose...)*

FRANÇAIS - ANGLAIS

rôti de veau	roast veal
selle de veau	saddle of veal
tête de veau	calf's head

(Voir aussi page 151)

• **volaille**	• **fowl / poultry**
canard	duck (ou "duckling" dans les menus)
caneton	duckling
chapon	capon
coquelet	cockerel
dinde	turkey (hen)
dindon	turkey (cock)
dindonneau	young turkey
oie	goose
oison	gosling
pintade	guinea-fowl
pintadeau	young guinea-fowl
poularde	fattened hen
poule	hen
poulet	chicken
poussin	spring chicken

• **LES ABATS (ANIMAUX DE BOUCHERIE)**

cervelle	brains
cœur	heart
foie	liver
langue	tongue
pieds	feet / trotters
rognons	kidneys
tête	head
tripes	tripe

• **ABATTIS (VOLAILLE / GIBIER A PLUMES)**

aileron	pinion
cœur	heart
cou	neck
crête (de coq)	(cock's) combs
foie	liver
gésier	gizzard

ENGLISH - FRENCH

breast of veal	poitrine de veau
calf's head	tête de veau
calf's liver	foie de veau
calf's trotters	pieds de veau
cushion of veal	noix de veau
cutlet (veal -)	côte / côtelette de veau
escalope (veal -)	escalope de veau
"noix de veau"	noix de veau
"paupiettes" (veal -)	paupiettes de veau
roast veal	rôti de veau
saddle of veal	selle de veau
sweetbreads (calf's -)	ris de veau

• **fowl / poultry**	• **volaille**
duck	canard
duckling	caneton (désigne parfois "canard" dans les menus)
capon	chapon
chicken	poulet
- spring chicken	- poussin
cockerel	coquelet
hen	poule
- fattened hen	- poularde
goose	oie
gosling	oison
guinea-fowl	pintade
- young guinea-fowl	- pintadeau
turkey :	
- (cock) turkey	- dindon
- (hen) turkey	- dinde
- young turkey	- dindonneau

• **OFFAL (GB) VARIETY MEATS (US) (BUTCHERY ANIMALS)**

brains	cervelle
head	tête
heart	cœur
feet	pieds
kidneys	rognons
liver	foie
tongue	langue
tripe	tripes
trotters	pieds

• **GIBLETS (POULTRY / WINGED GAME)**

combs (cock's combs)	crête (de coq)
heart	cœur
gizzard	gésier
liver	foie
neck	cou
pinion	aileron

EXPRESSION

It's the goose that laid the golden egg! *(C'est la poule aux œufs d'or !)*

FRANÇAIS - ANGLAIS

• ET N'OUBLIONS PAS :

aile (poulet)	wing
blanc de poulet	white meat (of chicken) / breast of chicken
carcasse	carcase
cuisse de poulet	chicken drumstick / leg
farce	stuffing / force-meat
graisse	fat
- graisse de rognon / boeuf	- suet
- graisse de rôti	- dripping
lard gras	fat(ty) bacon
lard maigre	lean bacon
lardons	diced bacon / lardoons
moelle	marrow
museau	brawn
os	bone
plumes	feathers
entier	whole
une moitié / un demi	half

ENGLISH - FRENCH

• AND LET'S NOT FORGET:

bone	os
brawn	museau
breast (of chicken)	blanc (de poulet)
carcase	carcasse
diced bacon	lardons
dripping	graisse de rôti
drumstick (chicken -)	cuisse (de poulet)
fat	graisse
fat(ty) bacon	lard gras
feathers	plumes
force-meat	farce
lardoons	lardons
lean bacon	lard maigre
leg (chicken -)	cuisse (de poulet)
marrow	moelle
stuffing	farce
suet	graisse (de rognon / bœuf)
white meat (of chicken)	blanc (de poulet)
wing	aile
half	une moitié / un demi
whole	entier

MEAT CUTS *Découpe des viandes*

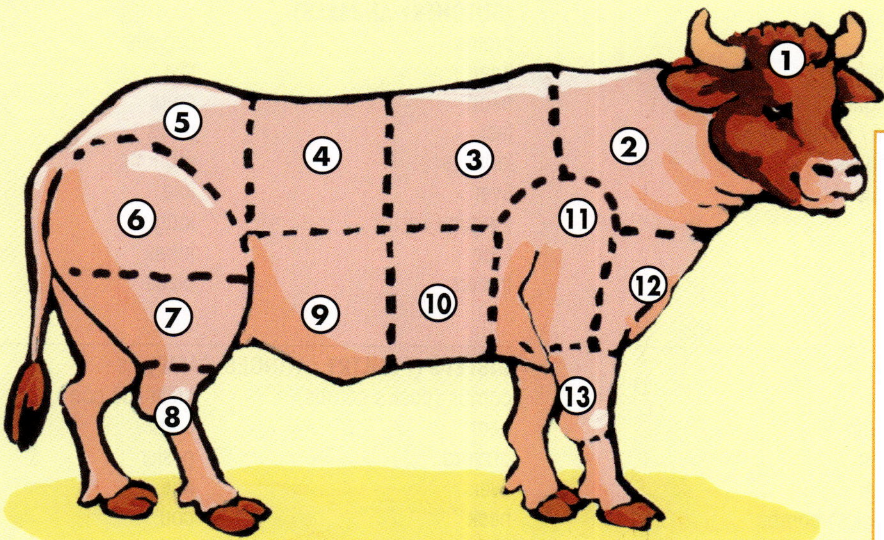

beef bœuf

1.	head	tête
2.	neck	collet
3.	ribs	côtes
4.	sirloin	filet et faux-filet
5.	rump	rumsteak
6.	round	globe
7.	silverside / top rump	gîte à la noix
8.	buttock	gîte gîte
9.	flank	bavette et flanchet
10.	brisket	poitrine
11.	blade	paleron
12.	clod	talon de collier et gras bout de poitrine
13.	shin	jarret ou gîte de devant

EXPRESSION

They sent me on a wild goose chase. *(Ils m'ont fait courir pour rien.)*

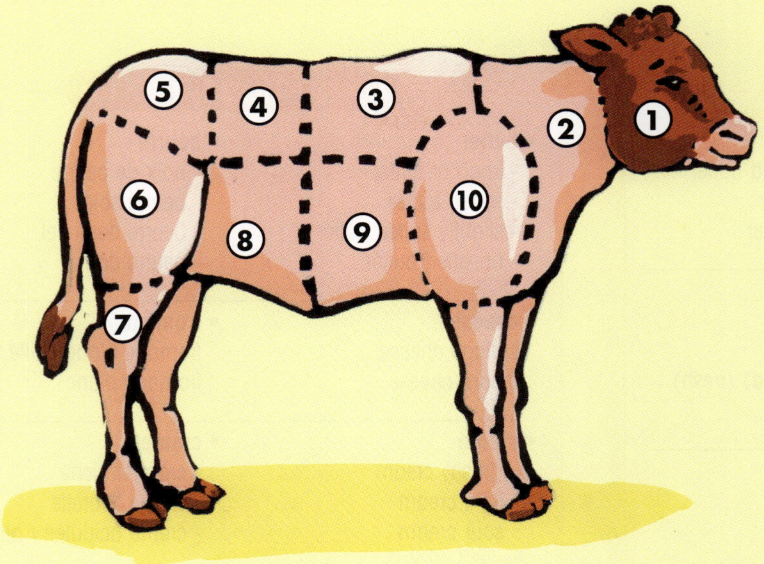

veal veau

1.	head	tête
2.	scrag end	collet
3.	best end chops	côtelettes
4.	chump end of loin	longe et filet
5.	best end of loin	quasi et culotte
6.	leg	cuisseau, noix, sous-noix et noix pâtissière
7.	knuckles	jarret et crosse
8.	flank	flanchet
9.	breast	poitrine
10.	shoulder	épaule

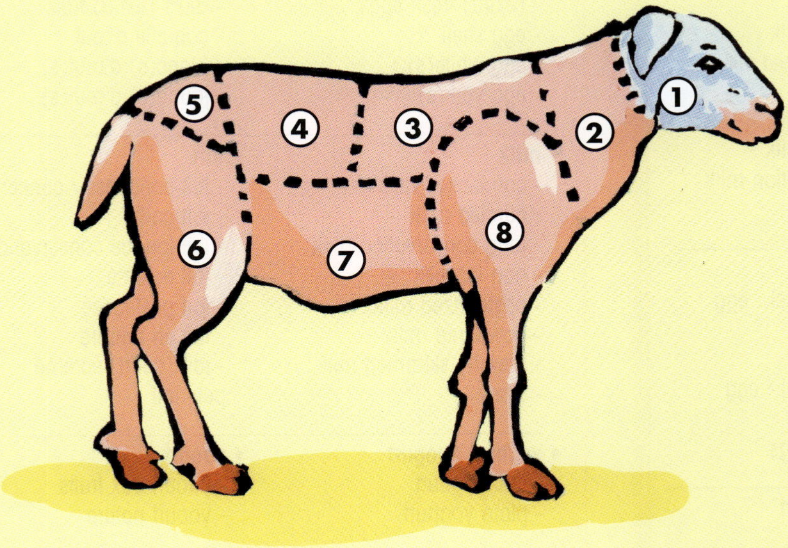

mutton mouton

1.	head	tête
2.	scrag end	collet
3.	best end of neck and middle neck	carré et côtelettes
4.	double loin	selle anglaise, filets " lamb chops "
5.	saddle	selle de gigot
6.	leg	gigot
7.	breast	poitrine
8.	shoulder	épaule

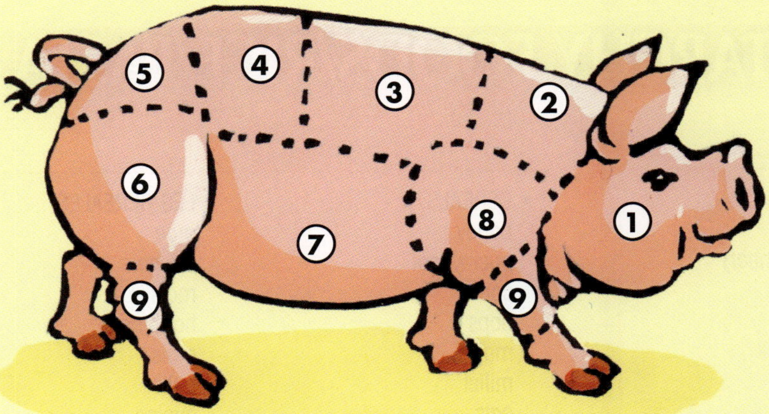

pork porc

1.	head	tête
2.	neck	collet
3.	spare ribs	côtelettes
4.	loin	filet
5.	butt end of ham	pointe de filet
6.	leg	jambon
7.	belly	poitrine
8.	blade bone	épaule
9.	trotters	jambonneaux

EXPRESSION

What a swine! *(Quel cochon !)*

7.DAIRY PRODUCTS

LES LAITAGES (LES PRODUITS LAITIERS)

FRANÇAIS - ANGLAIS

• **beurre**	• **butter**
- beurre demi-sel	- (slightly) salted butter
- beurre doux	- unsalted butter
- une noix de beurre	- a knob of butter
• **crème**	• **cream**
- crème acidulée / aigre	- sour cream
- crème fleurette	- light cream
- crème fraîche	- (slightly soured) (fresh) cream
• **fromage**	• **cheese**
fromage blanc	cream cheese
fromage blanc caillé	cottage cheese
• **lait**	• **milk**
- lait caillé	- curdled milk
- lait condensé / concentré	- condensed milk
- lait (demi) écrémé	- (semi-) skimmed milk / non fat milk
- lait en poudre	- powdered milk
- lait pasteurisé	- pasteurized milk
- lait longue conservation	- long conservation milk
- petit lait	- whey
• **œuf(s)**	• **egg(s)**
- blanc d'œuf	egg white (pluriel : egg whites)
- coquille d'œuf	egg shell
- jaune d'œuf	egg yolk (pluriel : egg yolks)
- œufs (extra) frais	(extra) fresh eggs
• **yaourt**	• **yoghurt / yogurt**
- yaourt aux fruits	- fruit yoghurt
- yaourt nature	- plain yoghurt

ENGLISH - FRENCH

• **butter**	• **beurre**
- knob of butter	- noix de beurre
- salted butter	- beurre salé
- slightly salted butter	- beurre demi-sel
- unsalted butter	- beurre doux
• **cheese**	• **fromage**
cottage cheese	fromage blanc caillé
cream cheese	fromage blanc
• **cream**	• **crème**
- (fresh) cream	- crème fraîche
- light cream	- crème fleurette
- sour cream	- crème acidulée / aigre
• **egg(s)**	• **œuf(s)**
- (extra) fresh eggs	- œufs (extra) frais
- egg shell	- coquille d'œuf
- egg white(s)	- blanc(s) d'œuf(s)
- egg yolk(s)	- jaune(s) d'œuf(s)
• **milk**	• **lait**
- condensed milk	- lait condensé / concentré
- curdled milk	- lait caillé
- long conservation milk	- lait longue conservation
- non fat milk	- lait écrémé
- pasteurized milk	- lait pasteurisé
- powdered milk	- lait en poudre
- (semi-) skimmed milk	- lait (demi) écrémé
- whey	petit lait
• **yoghurt / yogurt**	• **yaourt**
- fruit yoghurt	- yaourt aux fruits
- plain yoghurt	- yaourt nature

8.CEREALS/STARCHY FOODS/RICE/PASTA

CÉRÉALES / FÉCULENTS / RIZ / PÂTES

• LES CÉRÉALES	• CEREALS
avoine	oats
blé (blé noir)	wheat (buckwheat)
froment	wheat
houblon	hops
maïs	maize / corn
millet	millet
orge	barley
seigle	rye

• CEREALS	• LES CÉRÉALES
barley	orge
buckwheat	blé noir
corn	maïs
hops	houblon
maize	maïs
millet	millet
oats	avoine
rye	seigle
wheat	blé / froment

EXPRESSION

The cream of the joke is that... *(Le plus drôle c'est que...)*

FRANÇAIS - ANGLAIS

• LES FÉCULENTS	• STARCHY FOODS
crème de riz	rice flour
fécule (de pomme de terre)	starch
semoule	semolina
tapioca	tapioca
• LE RIZ	• RICE
- riz complet	- whole rice
- riz longs grains	- long grain rice
- riz rond	- round rice
• LES PÂTES	• PASTA
- coquillettes	- pasta shells
- lasagne	- lasagne
- macaroni	- macaroni
- nouilles	- noodles
- ravioli	- ravioli
- vermicelles	- vermicelli / noodles (soups)

ENGLISH - FRENCH

• STARCHY FOODS	• LES FÉCULENTS
rice flour	crème de riz
semolina	semoule
starch	fécule (de pomme de terre)
tapioca	tapioca
• RICE	• LE RIZ
- long grain rice	- riz long grain
- round rice	- riz rond
- whole rice	- riz complet
• PASTA	• LES PÂTES
- lasagne	- lasagne
- macaroni	- macaroni
- noodles	- nouilles / vermicelles (soupes)
- pasta shells	- coquillettes
- ravioli	- ravioli
- vermicelli	- vermicelles

9.FRUIT & NUTS / CAKES & DESSERTS

LES FRUITS ET LES NOIX / LES GÂTEAUX ET LES DESSERT

A. FRUIT & NUTS *Les fruits et les noix*

• abricot	• apricot
agrumes	citrus fruits
airelles (rouges)	cranberries (sing: cranberry)
amande	almond
- amande amère	- bitter almond
- amande douce	- sweet almond
ananas	pineapple
arbouse	arbutus berry
• baie	• berry (pluriel : berries)
banane	banana
bigarreau	bigaroon cherry / " bigarreau "
brugnon (nectarine)	nectarine
• cacahuète	• peanut
cassis	blackcurrant
cantaloup (melon)	cantaloup(e) (melon)
cerise	cherry
châtaigne	chestnut
citron	lemon
- un zeste de citron	- a zest of lemon
citron vert	lime
clémentine	clementine /satsuma

• apple	• pomme
arbutus berry	arbouse
almond	amande
- bitter almond	- amande amère
- sweet almond	- amande douce
apricot	abricot
• banana	• banane
berry (pluriel : berries)	baie
bigaroon cherry	bigarreau
" bigarreau "	bigarreau
bilberry	myrtille
blackberry	mûre sauvage
blackcurrant	cassis
blueberry	myrtille
• cantaloup(e) (melon)	• cantaloup (melon)
cashew nut	noix de cajou
cherry	cerise
- bitter cherry	- griotte
- wild cherry	- merise
chestnut	châtaigne / marron
citrus fruits	agrumes
clementine	clémentine
coconut	noix de coco

EXPRESSION

This fruit is rotting! *(Ce fruit est en train de pourrir !)*

FRANÇAIS - ANGLAIS

coing	quince
• datte	• date
• figue	• fig
fraise	strawberry (pluriel : strawberries)
- fraise des bois	- wild strawberry
framboise	raspberry (pluriel : raspberries)
framboise de Logan	Loganberry
fruit de la passion	passion fruit
fruits exotiques	exotic fruits
• goyave	• guava fruit
grenade	pomegranate
griotte	bitter cherry
groseille à maquereau	gooseberry
groseille blanche	whitecurrant
groseille rouge	redcurrant
• kaki	• persimmon
kumquat	kumquat
lime	lime
litchi / lychee	letchi
• mandarine	• tangerine
mangue	mango (pluriel : mangoes)
marron	chestnut
melon	melon
merise	wild cherry
mirabelle	" mirabelle " plum (small golden yellow plum)
mûre	mulberry
- mûre sauvage	- blackberry
myrtille	blueberry / bilberry / huckleberry (US)
• nectarine (brugnon)	• nectarine
nèfle	medlar
noisette	hazel-nut
noix	walnut / nut
- cerneau de noix	- half-shelled walnut
noix de cajou	cashew nut
noix de coco	coconut
noix de pécan	pecan nut
• orange / orange sanguine	• orange / blood orange
• pacane (noix)	• pecan (nut)
pamplemousse	grapefruit
papaye	papaya (tropical melon)
pastèque	watermelon

ENGLISH - FRENCH

cranberries	airelles (rouges)
• date	• datte
• exotic fruits	• fruits exotiques
• fig	• figue
• gooseberry	• groseille à maquereau
grape (white, black)	raisin (noir, blanc)
- bunch of grapes	- grappe de raisin
grapefruit	pamplemousse
greengage	reine-claude
guava fruit	goyave
• hazel-nut	• noisette
huckleberry (US)	myrtille
• kumquat	• kumquat
• lemon	• citron
- a zest of lemon	- un zeste de citron
letchi	litchi / lychee
lime	citron vert / lime
Loganberry	framboise de Logan
• mango(es)	• mangue(s)
medlar	nèfle
melon	melon
" mirabelle " plum	mirabelle
mulberry	mûre
• nectarine	• brugnon / nectarine
nut	noix
• orange / blood orange	• orange / orange sanguine
• papaya	• papaye
passion fruit	fruit de la passion
peach	pêche
peanut	cacahuète
pear	poire
pecan nut	noix de pécan / pacane (noix)
persimmon	kaki
pineapple	ananas
pine kernel	pigne de pin (pignon)
pistachio	pistache
plum	prune
pomegranate	grenade
prune	pruneau
• quince	• coing
• raisins	• raisins secs

EXPRESSION

No way! *(Des prunes !)*

FRANÇAIS - ANGLAIS

pêche	peach
pigne de pin (pignon)	pine kernel
pistache	pistachio
poire	pear
pomme	apple
prune	plum
pruneau	prune
• quetsche	• variety of plum
• raisin (noir, blanc)	• (black, white) grape
- grappe de raisin	- bunch of grapes
raisins secs	raisins
reine-claude	greengage
rhubarbe	rhubarb

• LES PARTIES DU FRUIT

coquille (noix)	shell
écorce	peel (lemon, orange)
fibre	fiber
graine	seed
grappe de ...	bunch of ...
noyau	stone (GB) / pit (US)
peau	skin (ex : peau de banane)
pelure	rind
pépin	pip / seed
pulpe	pulp
quartier (de fruit)	wedge / piece of fruit
queue	stalk
trognon	core
zeste	zest

• LES FRUITS PEUVENT ÊTRE :

appertisés	tinned / canned (us)
sirop	in syrup
confits	candied / crystallized
crus	raw / uncooked
cuits	cooked
de saison	in season
en boîte	tinned / canned (US)
en compote	stewed
(en) confiture	(in) jam
(en) marmelade	(in) marmelade
en pâte de fruits	jellied (fruit cheese) / crystallized
glacés (dans du sucre)	crystallized
mûrs	ripe
pochés	poached
séchés	dried
surgelés	frozen

ENGLISH - FRENCH

raspberry	framboise
redcurrant	groseille rouge
rhubarb	rhubarbe
• satsuma	• clémentine
strawberry	fraise
- wild strawberry	- fraise des bois
• tangerine	• mandarine
tropical melon	papaye
• walnut	• noix
- half-shelled walnuts	- cerneaux de noix
watermelon	pastèque
whitecurrant	groseille blanche
wild cherry	merise

• THE PARTS OF THE FRUIT

bunch of ...	grappe de ...
core	trognon
fiber	fibre
peel	écorce (citron, orange)
piece of fruit	quartier de fruit
pip	pépin
pit	noyau (US)
pulp	pulpe
rind	pelure
seed	graine / pépin
shell	coquille (de noix)
skin	peau (ex : banana skin)
stalk	queue
stone	noyau (GB)
wedge	quartier (de fruit)
zest	zeste

• FRUIT CAN BE:

candied	confits
canned (US)	en boîte / appertisés
cooked	cuits
crystallized	cristallisés / en pâte de fruits / confits / glacés (in sugar)
dried	séchés
frozen	surgelés
(in) jam	(en) confiture
(in) marmalade	(en) marmelade
in season	de saison
in syrup	au sirop
jellied	en pâte de fruits / en gelée
poached	pochés
raw	crus
ripe	mûrs
stewed	en compote
tinned	en boîte / appertisés
uncooked	crus

EXPRESSION

I wouldn't give a cherry stone for it! *(Je n'en donnerais pas cher !)*

CAKES & DESSERTS *Les gâteaux et les desserts*

FRANÇAIS - ANGLAIS

INGRÉDIENTS COURANTS

• beurre - beurre en pommade	• butter - softened butter
• cacao (poudre de cacao) - chocolat (noir / blanc) - chocolat à cuire	• cocoa (cocoa powder) - (black / white) chocolate - cooking chocolate
• crème (au beurre) - crème anglaise - crème Chantilly - crème fouettée - crème pâtissière	• (butter) cream - custard cream - (stiffly) whipped cream (with sugar) - whipped cream - confectioner's custard / pastry cream
• essence de ... extrait de ...	• essence of ... extract of ...
• farine - farine d'avoine - farine de froment - farine de maïs - farine de sarrazin - farine de seigle	• flour - oatmeal flour - wheat flour - cornflour / cornmeal, cornstarch (US) - buckwheat flour - rye flour
• gelatine	• gelatine
• levain (bi)carbonate de soude levure levure de bière levure artificielle	• leaven bicarbonate soda / baking soda yeast brewer's yeast baking powder
• matière grasse margarine • miel	• shortening margarine • honey
• oeufs	• eggs
• parfums : caramel - caramel au beurre chocolat moka (café) panaché praliné vanille (gousse de -)	• flavourings: caramel - toffee chocolate mocha (coffee) mixed praline / almond flavoured vanilla (vanilla pod)
• pâte appareil pâte à choux pâte à crêpe pâte à frire	• pastry basic mixture "choux" pastry pancake batter frying batter

ENGLISH - FRENCH

USUAL INGREDIENTS

• butter - softened butter	• beurre - beurre en pommade
• cocoa (cocoa powder) - (black / white) chocolate - cooking chocolate	• cacao (poudre de cacao) - chocolat (noir / blanc) - chocolat à cuire
• (butter) cream - custard cream - confectioner's custard - pastry cream - whipped cream	• crème (au beurre) - crème anglaise - crème pâtissière - crème pâtissière - crème fouettée / crème Chantilly (with sugar)
• eggs • essence of ... • extract of ...	• œufs • essence de ... • extrait de ...
• flavourings - almond flavoured - caramel - chocolate - mixed - mocha (coffee) - praline - toffee - vanilla (vanilla pod) • flour - buckwheat flour - cornflour - cornmeal (US) - cornstarch (US) - oatmeal flour - rye flour - wheat flour	• parfums - praliné - caramel - chocolat - panaché - moka (café) - praliné - caramel au beurre - vanille (gousse de -) • farine - farine de sarrazin - farine de maïs - farine de maïs - farine de maïs - farine d'avoine - farine de seigle - farine de froment
• gelatine	• gélatine
• honey	• miel
• leaven baking powder baking soda bicarbonate soda brewer's yeast yeast	• levain levure artificielle (bi)carbonate de soude (bi)carbonate de soude levure de bière levure
• pastry almond paste basic mixture " choux " pastry dough	• pâte pâte d'amande appareil pâte à choux pâte à pain

EXPRESSION

She's frustrated! *(Elle est chocolat !)*

FRANÇAIS - ANGLAIS

pâte à pain	dough
pâte brisée	shortcrust pastry
pâte d'amande	almond paste
pâte feuilletée	puff pastry
pâte sablée	" sablé " pastry

• sucre	• sugar
sucre brun / roux	brown sugar
sucre candi	candy sugar
sucre cristallisé	granulated sugar
sucre de canne	cane sugar
sucre d'érable	maple sugar
sucre d'orge	barley sugar
sucres en morceaux	sugar lumps / sugar cubes
sucre en poudre / semoule	(fine) granulated sugar / caster sugar
sucre glace	icing sugar
sucre vanille	vanilla sugar
cassonnade	soft brown sugar

• QUELQUES DESSERTS SIMPLES ET SUCRERIES

barbe à papa	candy floss / cotton candy (US)
beignet	fritter
biscuits (secs)	biscuits (GB) / cookies (US) (sing: cooky)
biscuits cuiller	lady's / sponge fingers
bonbon(s)	sweet(s) / candy(ies) (US)
chou	puff
confiserie	confectionery
coupe glacée	sundae
crème (vanille, chocolat)	(vanilla, chocolate) custard
crème anglaise	custard
crêpe	pancake
éclair (café, chocolat)	(coffee, chocolate)"eclair"
flan	custard tart
fondant	icing / glaze
frangipane	frangipane
friandise(s)	sweet(s) / candy(ies) (US)/ delicacy(ies)
gauffre	waffle
glace (glace au citron)	ice-cream (lemon ice-cream)
guimauve (pâte de -)	marshmallow
massepain	marzipan
meringue	meringue
mousse (au chocolat)	(chocolate) mousse
nappage	topping / icing
pain d'épice	gingerbread
pâtisseries françaises	French pastries
sirop	syrup (GB) / sirup (US)

ENGLISH - FRENCH

frying batter	pâte à frire
pancake batter	pâte à crêpe
puff pastry	pâte feuilletée
"sablé" pastry	pâte sablée
shortcrust pastry	pâte brisée

• shortening	• matière grasse
margarine	magarine
• sugar	• sucre
barley sugar	sucre d'orge
brown sugar	sucre brun / sucre roux
candy sugar	sucre candi
cane sugar	sucre de canne
caster sugar (fine -)	sucre en poudre / sucre semoule
granulated sugar	sucre cristallisé
- fine granulated sugar	- sucre en poudre / semoule
icing sugar	sucre glace
maple sugar	sucre d'érable
soft brown sugar	cassonnade
sugar cubes	sucres en morceaux
sugar lumps	sucres en morceaux
vanilla sugar	sucre vanille

• A FEW SIMPLE DESSERTS AND SWEETS

biscuits (GB)	biscuits (secs)
candy (US)	bonbon / friandise
candy floss	barbe à papa
confectionery	confiserie
cookies (US)	biscuits (secs)
cotton candy (US)	barbe à papa
custard	crème (anglaise)
custard tart	flan
delicacy	friandise
"eclair" (coffee, chocolate -)	éclair (au café, chocolat)
flan	tarte
frangipane	frangipane
French pastries	pâtisseries françaises
fritter	beignet
gingerbread	pain d'épice
glaze	fondant
ice-cream (lemon ice-cream)	glace (glace au citron)
icing	fondant / nappage
lady's / sponge fingers	biscuits cuiller
marshmallow	guimauve (pâte de -)
marzipan	massepain
meringue	meringue
mousse (chocolate -)	mousse (au chocolat)
pancake	crêpe
pie	tarte (tourte)
puff	chou
sherbet (US)	sorbet
sorbet	sorbet
sundae	coupe glacée

EXPRESSION

My sweetie! *(Mon chou !)*

FRANÇAIS - ANGLAIS

sorbet	sorbet / sherbet (US) / water ice
tarte	pie (tourte) / tart / flan

ENGLISH - FRENCH

sweet(s)	bonbon(s) / friandise(s) / sucrerie(s)
syrup (GB) / sirup (US)	sirop
tart	tarte
topping	nappage
waffle	gauffre
water ice	sorbet

10.METHODS FOR COOKING & PREPARING FOOD / PRESENTING THE FOOD

MÉTHODES DE CUISSON ET PRÉPARATION DES ALIMENTS / PRÉSENTATION DES ALIMENTS

METHODS FOR COOKING & PREPARING FOOD *Méthodes de cuisson et préparation des aliments*

• à la nage (poisson)	• boiled (fish)
au bleu (poisson)	cooked "au bleu" (fish)
au gratin	"au gratin" (topped with cheese) / gratinated
• braisé	• braised
• cuit à la broche	• roasted on the spit
cuit à l'étouffée / en sauce	stewed
cuit au charbon de bois / barbecue	cooked over charcoal / barbecued
cuit au court-bouillon	cooked in vegetable broth
cuit au four	baked
cuit au vin blanc	cooked in white wine
cuit au vin rouge	cooked in red wine
cuit couvert / découvert	cooked covered / uncovered
cuit en cocotte	cooked in a casserole
cuit en daube	braised in wine / "daube"
cuit sur des braises	cooked on embers
(en) ragoût	(in a) stew / "ragout"
• flambé	• "flambéed" / flamed
frit	fried
fumé	smoked
• gratiné	• gratinated
grillé	grilled / broiled / toasted (bread)
• macéré	• macerated
mariné	marinated
mijoté	simmered
• pané (en chapelure)	• fried (in breadcrumbs)
poché	poached
poêlé	fried

• baked	• cuit au four
barbecued	cuit au barbecue
boiled	bouilli / à la nage (poisson)
braised	braisé
- braised in wine	- cuit en daube
broiled	grillé
• cooked "au bleu" (fish)	• cuit au bleu (poisson)
cooked covered / uncovered	cuit couvert / découvert
cooked in a casserole	cuit à la cocotte
cooked in red wine	cuit au vin rouge
cooked in vegetable broth	cuit au court-bouillon
cooked in white wine	cuit au vin blanc
cooked on embers	cuit sur des braises
cooked over charcoal	cuit au charbon de bois
• flamed / "flambéed"	• flambé
fried	frit / poêlé
- gently fried	- revenu
- fried in breadcrumbs	- pané (en chapelure)
• gratinated	• gratiné
grilled	grillé
• macerated	• macéré
marinated	mariné
"meunière" style	à la meunière
• poached	• poché
puffed	soufflé
• roasted	• rôti
- roasted on the spit	- cuit à la broche
• "sautéed"	• sauté

EXPRESSION

Take your saucepan off the heat! It's burning! *(Retire ta casserole du feu ! Ca brûle !)*

FRANÇAIS - ANGLAIS

• revenu rôti	• fried gently roasted
• sauté sauté au beurre (meunière) soufflé	• "sautéed" meunière style (with butter) "souffléed" / puffed

ENGLISH - FRENCH

simmered smoked "souffléed" stewed	mijoté fumé soufflé cuit à l'étouffée / en sauce / en ragoût
• toasted	• grillé (pain)

PRESENTING THE FOOD *Présentation des aliments*

• à la crème / mayonnaise à la croque au sel (légumes) à la française, à la ... etc. allumettes (en -) au cari (curry), au poivre...	• with cream / mayonnaise raw, with salt (vegetables) French style, ... style etc. sticks (in -) with curry, with pepper...
• barquettes beignet (en beignet) bouchées boulettes (de viande) brochettes (en -)	• pastry boats in batter puff pastry / patties (meat) balls on skewers / "brochettes"
• canapés civet croquettes (de poisson) croûte (en -) croûtons (avec des -)	• cocktail snacks / " canapés " stew (fish) cakes in pastry / in a pastry case fried bread cubes (with -)
• fait maison farci feuilleté (de ...) fourré (de ...) fricassée (de ...)	• home-made stuffed light pastry case (filled with ...) filled / stuffed (with ...) light stew (of ...)
• garni avec ... (en garniture) gelée, (en gelée) givré glacé	• garnished with ... in aspic / jelly (jellied) frosted iced / frozen
• mariné (- au vinaigre) mousseline	• marinated (pickled) mousse / light "purée"
• nature • ordinaire	• plain • ordinary
• papillote (en -) - papillote de gigot pâte (en -) paupiettes	• in paper / tin foil (papier d'aluminium) - frill pastry (in -) " paupiettes "

• aspic (in -)	• en gelée
• balls (meat balls) batter (in -) bread cubes (with fried bread cubes)	• en boulettes (de viande) (en) beignet (avec) des croûtons
• cakes (fish cakes) cocktail snacks croquettes (de poisson)	• croquettes / rissoles (de poisson) canapés (fish) cakes
• filled (with ...) French style frill frosted frozen	• fourré (de ...) à la française papillote (de gigot) givré glacé
• garnished with ...	• garni avec ... / ... en garniture
• home-made	• fait maison
• iced	• glacé
• jellied (in aspic / jelly)	• en gelée
• marinated meat balls mousse	• mariné boulettes de viande mousseline / "purée"
• ordinary	• ordinaire
• paper / tin foil (in -) pastry / a pastry case (in -) - in a light pastry case - pastry boats patties pickled pie (in a pie) plain potted	• en papillote (tin foil : papier d'aluminium) (en) pâte / croûte - en feuilleté - barquettes bouchées mariné au vinaigre (en) tourte / tarte nature / simple (en) terrine

EXPRESSION

There's no need to make a mountain out of a mole hill! *(Ce n'est pas la peine d'en faire tout un plat !)*

FRANÇAIS - ANGLAIS

• ragoût	• stew
rissole (de poisson)	(fish) cake
• salade (en -)	• salad (in a -)
sauce (en -)	sauce (with -)
simple	plain
• tarte (en tarte)	• pie (tourte) / tart (in a pie / tart)
terrine (en terrine)	potted
tourte (en -)	pie (in a pie)
tranches (en -)	slices (in slices)
- tranché(es)	- sliced

ENGLISH - FRENCH

puff pastry	bouchées
"puréed"	en purée
- in a light "purée"	- en mousseline
• raw	• crus / à la croque au sel (vegetables, with salt)
• salad (in a -)	• (en) salade
sauce (with -)	(en) sauce
skewers (on -)	(en) brochettes
slices (in -)	(en) tranches
sliced	tranché(es)
stew	civet / ragoût
sticks (in -)	(en) allumettes
stuffed (with ...)	farci / fourré (de ...)
• tart	• tarte
• with cream / mayonnaise	• à la crème / mayonnaise
with curry / pepper	au curry / poivre

WEIGHTS AND MEASURES

POIDS ET MESURES

FRANÇAIS - ANGLAIS

LONGUEURS

1 centimètre	: 0.39 inches
1 mètre	: 39 1/2 inches
1 kilomètre	: 0.62 miles

SURFACES

1 cm^2	: 0.155 square inches ($in.^2$)
1 m^2	: a square metre
1 km^2	: one kilometre square

VOLUMES

1 litre	: 1.76 pints (pintes)
1 m^3	: 35 cubic feet

POIDS

1 hectogramme (100g)	: 3.527 ounces
1 kilogramme	: 2.205 pounds

TEMPERATURES

Pour convertir les degrés centigrades en degrés fahrenheit, multiplie par 9/5 et ajoute 32.

Ex : 30° centigrades devient :
30 x 9/5 = 54
54 + 32 = 86° fahrenheit

Conversions approximatives.

ENGLISH - FRENCH

LENGTHS

1 inch (1 in. / 1 ")	: 2,54 centimètres
1 foot (1 ft / 1')	: 30,48 centimètres (12 inches)
1 mile	: 1, 6 kilomètres
1 yard (1 yd)	: 0,914 mètres (= 3 feet)

AREAS

1 acre	: 0,4 hectares
1 square mile	: 2,590 km^2

CAPACITIES

1 pint	: 0.568 litres (GB) = un grand verre
	0.473 liters (US)
half a pint	: 1/2 pinte = un petit verre
1 quart	: 1.136 litres = 2 pints (GB)
	0.946 liters (US)
1 gallon	: 4.546 litres = 4 quarts (GB)
	3.785 liters (US)

WEIGHTS

1 ounce (oz.)	: 28,3 grammes
1 pound (lb)	: 0,454 kilogrammes
	= 16 oz.
1 stone (st)	: 6,35 kilogrammes

TEMPERATURES

Pour convertir les degrés fahrenheit en degrés centigrades, soustrait 32, puis multiplie par 5/9.
Ex : 40° fahrenheit devient :
40 - 32 = 8
8 x 5/9 = 4.4° centigrades

EXPRESSION

What a mess! *(Quelle salade !)*

Création et exécution : Altus - Paris 11e
Achevé d'imprimer sur les presses de l'Imprimerie Chirat
N° 201206.0317
3e trimestre 2004 - N° Editeur 341